生涯学習概論

学びあうコミュニティを支える

第3版

小林 繁・平川景子・片岡 了 著

エイデル研究所

第3版　まえがき

　本書は、大学等で生涯学習に関する科目を履修する学生や生涯学習に関心を寄せている人のためのテキストとして編纂されたものです。生涯学習の時代などと呼ばれるように、生涯学習という言葉はマスコミも含め、様々なところで使われるようになってきました。最近では、「学び直し」などといった言葉も頻繁に目にするようになり、社会人が学ぶことの重要性や必要性なども強調されるようになってきました。

　しかしながら、生涯学習という時に学校時代に受けた教育や企業社会が要請する啓発というイメージで生涯学習を連想する人も少なくなく、「学び直し」とあわせて使われることの多い「リスキリング」といった言葉からは、生涯学習＝仕事に役立つ新たな知識や資格、スキルなどの習得といった一面的なとらえ方がされているのではないかが懸念されます。そのため本書では、生涯学習という考え方が提唱されてきた背景や経緯、そしてそれに関する基礎的知見の紹介を通して、生涯学習とは何かを理解してもらうことに重点を置き、それによってサブタイトルで掲げる"学びあうコミュニティ"の理解と実現につなげていくことができればと願っています。

　生涯学習の支援が行われている分野や領域はとても広く、その内容も多岐にわたるため、本書は基礎的・基本的事項の記述が中心となっており、その点で内容的に充分とはいえません。特に福祉や文化、環境、地域づくりなど私たちの生活領域に密接に関わる具体的な学習活動についてはほとんど触れ

2　　生涯学習概論—学びあうコミュニティを支える

ることはできませんでした。それらの事柄については、文中で紹介してある参考文献等で補っていただければと思います。

　本書の構成は以下のとおりです。まず第1部「生涯学習の基礎的理解」では、生涯学習とは何かをめぐってその用語の由来と意味、政策等の展開を紹介しています。1960年代に教育・文化の国際機関から提唱された生涯教育の理念は、日本において今では生涯学習支援の取り組みとして広がりを見せています。ここでは、国のレベルから地方自治体のレベル、さらには大学や民間レベルへと展開してきた日本の生涯学習政策と支援の動向を記述するとともに、こうした動向とも関連して民間企業による事業や職場での学習支援の取り組みなどにも言及しています。あわせて、多様な学習の場に参加する主体として想定されているのは主として成人です。今後の生涯学習のあり方を左右する成人学習者とはどのような存在か理解するための章を設けることで、生涯学習の全体像が把握できるように努めました。

　続く第2部「社会教育の基礎的理解」では、学校教育と並んで現代の生涯学習支援の中核をなす社会教育に焦点を当てています。ここでは、社会教育の概念を理解する上で基本となる視点とアプローチを提示し、社会教育の歴史や戦後の社会教育の特徴に言及することによって生涯学習と社会教育との関係を描き出すように努めました。この両者の関係は、子どもから成人まで

すべての人々を対象としているという意味で重なるところも多く、特に戦後の社会教育は、学習者の主体性や学習における自主性を重視してきたという点において、今日の生涯学習支援の基盤をなしていることは明らかです。またこのような戦後の社会教育における学習活動の特性をふまえた上で、学習を援助する環境づくりという面で重要となる施設・機関や職員等に関する社会教育制度の概要を記述することに重きを置きました。

　さらに第3部「成人学習論の展開」では、今日の成人の学習論研究の知見をふまえて、日本の戦前から戦後期に至る特徴的な社会教育実践を取り上げて分析し、そこにあらわれた学習観の今日的意義を明らかにしています。特にそこでは、実践の記録と分析の部分に記述の多くが割かれていますが、それらを通貫するテーマは、まさに本書の副題である「学びあうコミュニティを支える」に焦点化されています。そしてそこでの学習をどのようにとらえるかについて、何人かの代表的な論者をとりあげ、そのポイントとなる知見が要約的に述べられています。一方で、「学びあうコミュニティ」を支える学習支援者のあり方をめぐる新しい動向について基本的特徴等が紹介されており、そこでの支援の方法等に関する示唆的な論点が提示されています。

　執筆にあたっては、これまでと同じく①初学者向けに基本的知識を整理するよう努める、②社会教育については歴史的経緯をふまえて記述する、そし

て③記述の及ばない点についてはコラムで補い、法令等の資料を巻末に付けるようにしました。

　なお、本書を新たに第3版として刊行できたことは執筆者として望外の喜びです。ここでは、旧版で言及してきた社会教育施設や事業、実践的な学習支援の方法や形態などについての記述に加え、新たに制度化された社会教育士や学習支援者の役割と力量形成の課題についても言及しています。また統計資料も可能な限り最新のものを掲載するとともに、3名の分担執筆とした関係で、相互の関連づけや内容の重複などについてはできるだけ是正するように努めました。

　今後も引き続き内容的により良いものにしていきたいと思いますので、読者の方々から忌憚のないご批判等をいただければ幸いです。

　最後に、旧版同様に執筆、編集の過程を通して多くのご配慮とご支援いただいたエイデル研究所の山添路子氏および杉山拓也氏に感謝申し上げます。

2023年6月　　執筆者一同

目次

第1部
生涯学習の基礎的理解

　1990年代以降、「生涯学習」という言葉は急速に普及し、ある意味で時代を表現するキーワードになっているといっても過言ではない。2008年の「生涯学習に関する世論調査」（内閣府）によれば、「生涯学習」という言葉を聞いたことがあると答えた人は全体の8割余に達していた。

　このような中で、人々が生涯にわたり学習するといった漠然としたイメージは何となく伝わるものの、あらためて生涯学習とはいったいどのような意味をもち、なにゆえ行政施策の対象となるのか、また社会教育と生涯学習との関係はどうなっているのかなどといった疑問もくり返し出されてきている。

　ここでは、このように今日広く使われるようになってきた生涯学習という言葉の意味とそれに関する施策が普及してきた経緯を整理するとともに、1965年にユネスコから提唱された「生涯にわたる統合された教育（Lifelong Integrated Education）」という「生涯教育」の理念が、「いつでも、どこでも、だれでも学ぶことができ、その成果が適切に評価される」といった今日の生涯学習の通俗的解釈へと変化していく過程に焦点を当てることによって、そこから生起している実践課題と理論的問題について述べていく。

（小林　繁）

第1章　生涯学習とは何か？

1　生涯教育論の提唱

　「生涯教育」という用語が教育改革の基本的方向を指し示す基本理念として提起されたのは、1965年の第3回成人教育推進国際委員会であり、当時国際連合教育科学文化機関（ユネスコ）の成人教育局成人教育課長をしていたフランスのP.ラングランから出されたワーキングペーパー（議案書）にもとづくものであった。この提案は、ユネスコの第14回総会で承認され、これを基本に「ユネスコは誕生から死にいたるまでの人間の一生を通じて行われる教育の過程—それゆえに全体として統合的であることが必要な教育課程—をつくりあげ活動させる原理として生涯教育という構想を承認すべきである。そのため人の一生という時系列に沿った水平次元と個人および社会の生活全体にわたる垂直次元の双方にわたって必要な結合を達成すべきである」といった内容でユネスコから提唱された新しい教育理念として、その後世界に広がり、具体的な取り組みとして多様な広がりを見ることになるのである。

　今日の生涯学習という考え方のベースとなっている、この「生涯教育」というアイディアは、ラングラン自身が述べているように、「生涯教育の意味するところは、『実体』ではなくて、ある種の用語例、ある種の一連のアイデア・原則」[1]であるわけであるが、それまでの教育制度やシステムを変えていくための基本的な方向を提起した点が重要なポイントとなっている[2]。すなわち、従来の学校教育が急激に変化する社会の中で、硬直化し、時代の要

1　P.ラングラン、波多野完治訳「生涯教育について」、森隆夫編著『生涯教育』帝国地方行政学会、1970年、p.239

2　「ラングラン氏がはじめににことわっているように、〈生涯教育〉なるものは、既に存在している教育の形態ではなく、われわれが、新たにその形態を創りだすことを要求されているところの〈課題〉としての教育体系である」（諸岡和房「社会教育東と西（その3）」、『社会教育』1968年7月号、pp.60-61）

請に対応できなくなっているという認識をベースにしながら、教育の機会と機能が一定の時期に特定の教育機関である学校に集中していることの問題を根本から問い直し、それを生涯にわたって（lifelong）広げていくことと同時に、社会に存在する教育の機会と機能を相互に統合していく（integrate）ことによって、教育の制度とそこに内在している教育についての考え方を根本から変えていく課題を提起したのである。

　もちろん、こうした生涯教育の考え方は、1965年の会議で突然出されたものではなく、その前史が存在する。ユネスコで1949年に第1回の成人教育に関する会議が開かれ、さらに1960年に2回目の会議が開催されているが、そこでは「現在われわれが直面し挑戦をうけているような急激かつ大規模な変動に遭遇した世代は、いまだかつてなかった」という認識にもとづいて、成人教育を学校教育の後に位置づけるというのではなく、一連の連続した教育のプロセスととらえるといった生涯教育への端緒的志向が存在していたとされる[3]。そうした志向を基礎に第3回目の会議が開かれ、先のような生涯教育というアイディアに結実していくのである。

2 構想から具体的展開へ

(1) "Learning To Be"と学習社会論

　それでは、上述のような生涯教育の提唱は、その後どのような展開をみていくのか。もともと生涯教育という考え方が「アイデア」や「原則」であったということは、その具体化にあたっては多様な取り組みがあり得ることを意味する。そのため、その後様々な議論が交わされるとともに、1970年を国連が「国際教育年」（推進すべき事柄として、成人のための機能的識字、女子のための教育の機会均等、中等・高等教育の民主化と選抜から指導による選択制度への改善、教員の養成と研修、教育における伝統と革新との調和、国際理解と平和のための教育など、12項目があげられている）としたこともあって、ユネスコをはじめとするいくつかの国際機関においても、生涯教育

3　アーノルド・S.M.ヒーリー、諸岡和房訳『現代の成人教育』日本放送協会、1972年

に関する多くの報告書や専門書等が出されてくる。中でも1972年にユネスコに設けられた教育開発国際委員会（この委員長名をとって、一般にフォール委員会と呼ばれた）の報告書は、日本では『未来の学習』[4]と訳されて出版されたが、原題は "Learning To Be" となっている。

そこでは、これまでの社会が "to have"（物や資格、地位・栄誉などを所有すること）を至上の価値としたことの反省にもとづいて、"to be"（人間として存在すること）を志向していくことが求められるとして、「学習の目的は存在であり、生存と深化である」と喝破している。そしてその目的を実現する社会を「学習社会」（Learning Society）と規定し、きたるべき10年の間に多くの国々がこうした社会になる可能性があるとして、生涯教育がめざすべき基本方向と課題を提示したのである。

この「学習社会」という概念は、もともと1968年に米国の社会学者R.ハッチンスが提唱したものであるとされるが、その著書 "The Learning Society" の中で、彼は学習社会を「学習、達成、人間的になることを目的とし、あらゆる制度がその目的の実現を志向するように価値の転換に成功した社会」[5]と定義し、とりわけ自由時間の増大にともなう余暇の積極的活用を通して「賢く、楽しく、健康に生きる人間」の形成が求められることを強調している。

(2) リカレント教育の提唱

またこの時期、OECD・CERI（経済協力開発機構・教育研究開発センター）からは、生涯教育の具体的な「戦略」として「リカレント教育」というアイディアが提唱されてくる。それは、OECDの1973年の報告書のタイトルが "Recurrent Education" であり、その副題が "A Strategy for Lifelong Learning" となっていることからもうかがえるわけであるが、その際のリカレント教育の要点は、「教育とそれ以外の諸活動（主に仕事であるが、それ以外に余暇や老後の生活を含む）と交互に行うやり方で、教育を個人の全生涯にわたって分布させる点にある」とされている。そこでは、特に現職教育のあり方とリンクする形で「労働と一体になった教育」「労働に役立つよう

---

4 国立教育研究所訳『未来の学習』第一法規、1975年
5 『現代のエスプリ』№146、至文堂、1979年、p. 9

方向づけられた教育」「労働を中心とした教育」のあり方として提示され、同時にその目的として、過去の教育不足を補うことによる教育機会の平等の実現、職業的柔軟性による教育と社会との効果的関係、教育と労働との結合の３つがあげられている。

　そしてこのリカレント教育の提起は、1974年の国際労働機関（ILO）の総会で採択された「有給教育休暇（paid educational leave）に関する条約」につながっていくのである。有給教育休暇とは、「労働時間中に一定の期間、教育上の目的のために労働者に与えられる休暇であり、十分な金銭的給与をともなうもの」であり、その休暇が適用される範囲もあらゆる段階の職業訓練、一般教育や成人期および市民教育、労働組合教育などとなっているように、狭い意味での職業訓練にとどまらず市民教育も含め多岐にわたっている点が特筆される。

　この条約を受ける形で、フランスやベルギー、スウェーデン、イタリアなどでは、すでに教育訓練休暇の実施が法制化され、フランスでは企業と労働組合の合意によって施策化されていくのである。日本では、各事業者が個別に休暇制度を設けているケースはあるものの、全体から見ればまだ一部であり、また休暇日数も数日ときわめて短い。その意味で、有給教育休暇に関する条約をまだ批准していない日本の状況から鑑み、先のような国の取り組みは重要であり、見習うべき点が多い。さらにスウェーデンでは、1960年代から社会人の高等教育への参加を促進するため、25歳以上で４年以上の労働経験者の定員枠を設けて優先的に大学への入学を認めるなどして、リカレント教育の条件を整備しているといわれている。

（3）第三世界の視点からの提唱とその後の動き

　こうしたOECDなどの、いわゆる先進国での取り組みとともに、社会的弱者と第三世界の問題を俎上に載せた提案が、同じくユネスコから1976年に出されてくる。「成人教育の発展に関する勧告」がそれであり、そこでは成人教育は、「生涯教育の不可分の一部として、経済的および文化的発展、社会的進歩、世界平和ならびに教育制度の発展に決定的に貢献しうる」ことが確信をもって語られている。その中でも、主として女性、農村居住者、青少年、移民労働者、失業者、障害をもつ人、受刑者などの社会的不利益者層への学

習文化支援ととりわけ第三世界で大きな課題となっている識字教育の課題、すなわち「識字が政治的および経済的発展、科学技術の進歩ならびに社会的および文化的変化における決定的な要因であることが世界的に認識されており、したがって、その促進があらゆる成人教育計画の不可分の一部をなすべきであることを考慮」しなければならないことが強調されている点も重要である。これが、それ以降、後述するような学習権宣言（1985年）から国際識字年（1990年）へとつながり、世界的な識字教育の取り組みとなって展開されていくからである。

　なお、生涯教育の概念に関わってこの勧告では、"lifelong education and learning"（生涯教育および生涯学習）という表記がされており、それについては「『生涯教育および生涯学習』という用語は、現行の教育制度の再構成と教育制度の外にある教育におけるすべての可能性の双方にわたる発展を目的とする包括的な体系を意味する」として、いわゆるフォーマルな教育とインフォーマルな教育のすべてを含む包括的な概念として用いられていることがわかる。

　ただ、その後の世界的な流れは "lifelong learning" という表現で統一され、その主な分野と領域としては、家庭教育、コミュニティ教育、伝統的成人教育、継続的な専門職業教育など、義務教育以後の教育の全領域を網羅する概念として普及していくのである。

第2章 日本における生涯教育論の導入と政策の展開

　以上のような国際的な流れの中にあって、日本においては、ユネスコからの生涯教育の提唱がどのように受けとめられて具体的な取り組みとなっていったのか。

1 生涯教育論の紹介と導入

(1) 日本での反応

　前述したユネスコの成人教育推進国際会議に日本から参加していたのが、フランス心理学の研究者である波多野完治であったことから、その後、彼によりP.ラングランのワーキングペーパーが「生涯教育について」と題された論文に翻訳される。その意味で、先のユネスコからの提起は、ほとんど時間的に間をおかないで日本に紹介されたことになるのである。

　その際、この生涯教育のアイディアにいち早く注目したのが財界・経済界であったといわれている。そのことは、「いちばんさいしょに、これ（生涯教育―引用者注）に反応を示したのは、産業界であったように思われる」[6]と紹介者の波多野自身が述べていることからもうかがえる。それに対して、ユネスコの成人教育に関する会議で提起されたことから、社会教育関係者には一定の反響があったものの、従来の学校教育、社会教育、家庭教育などを個々に整備改良していけばよいのではといった意見なども含め、総じて学校教育関係者などはあまり関心を示さなかったとされ、ここにその後生涯教育を教育改革の理念として正面に据えた議論が展開できなかった事情が反映している。

　また、一方では「ようやく学校を終えたのに、今度は生涯にわたって教育され、試験などを受けなければならないのか」といった「生涯教育」という

6　波多野完治『生涯教育論』小学館、1972年、p.1

言葉の語感、つまり学校教育の延長というイメージに対する感情的反発も文化人等から出される[7]などの混乱もあって、先のような問題がより複雑化した側面も無視できない。

(2) 社会教育審議会答申の提起

そうした中で、教育政策の動きとして注目されるのが、1969年6月の中央教育審議会の中間報告である。そこでは「学校教育の役割と限界」に言及し、「急激な時代の進展に即応して必要な知識・技術の習得と社会的な適応を容易にするため、あらゆる年齢・職業・地位の国民のための一生を通じて行われる教育（生涯教育）のあり方を検討すること、また、このことと関連して、学校教育の役割と限界および社会教育、家庭教育との関係についても検討すること」と課題を提示している。これを受けて1971年には本答申「教育改革のための基本施策」を出し、そこで「いわゆる生涯教育の観点から全教育体系を総合的に整備する」必要性を強調している。

そこからは、学校教育のあり方を生涯教育の視点から再検討していこうとする意図を読みとることができるわけであるが、現実に教育政策の課題として意識されるようになるのは、同年に出された社会教育審議会答申「急激な社会構造の変化に対処する社会教育のあり方について」であった。ここでは、社会の激しい変化に対応し、個々人の個性や能力を最大限発揮するためにも、「ひとびとはあらゆる機会を利用して、たえず学習する必要がある」として、変動する社会の中で従来の社会教育のあり方を生涯教育の観点から見直す必要性に言及し、次のように述べている。すなわち「生涯教育では、生涯にわたる多様な教育的課題に対処する必要があるので、一定期間に限定された学校教育だけではふじゅうぶんとなり、変化する要求や個人や地域の多様な要求に応ずることができる柔軟性に富んだ教育が重要となる。したがって、生涯教育においてとくに社会教育が果たすべき役割はきわめて大きいといわなければならない」と。

---

7 文部省編『文部時報』1969年5月号

(3) 産業界からの着目

　さらに産業界サイドからは、1972年に日本経済調査協議会によって「新しい産業社会における人間形成」と題する報告書が出され、新たな企業における人材育成の理論的裏づけとして生涯教育の考え方を援用するといった動きが出てくるのである。そこでは、「われわれは、この歴史的な転換期に直面して、教育の新しい対応が極めて重要な課題であることを認めるとともに、このような新しい産業社会に発展しつつあるわが国の人間形成のあり方として、『生涯学習』の必要性をとくに強調し、このための環境条件をすみやかに整備すべきことを提唱する」[8]として、提言という形で家庭・学校・社会教育の役割分担、画一的教育の打破と国際化への対応、企業における人間形成と学歴偏重の打破、国の内外における公正な産学協同の推進など、多方面にわたる分野と内容を網羅した政策的提案を行っている。合計で400ページを超える長大なこの報告書は、先の教育関係の審議会答申に比べてもより具体的で体系だった内容である点が特筆されるわけであるが、それは、とりも直さず企業・財界が教育に対して並々ならぬ関心と教育改革の方向性を示したものといえよう。

2 生涯教育から生涯学習へという流れ

　以上、概観した生涯教育をめぐる動向については、その考え方やアイディアが導入され、特にそれが政策的な動きとなっていく1970年代に、前述した言葉に対する感情的反発も含め多くの批判が出されてくる。その要点は、生涯教育論が国家と財界にとって望ましい人材育成、マンパワー養成のシステムとして機能していくことの問題である。それはつまり、ユネスコから提唱された生涯教育論を日本の教育政策や制度の中に導入することによって、能力主義的再編と教育の国家統制という、この時期の教育政策の基調と重ね合わせながら生涯教育政策の問題をとらえていたということである。

8　日本経済調査協議会編『新しい産業社会における人間形成』東洋経済新報社、1972年、p.14

このように生涯教育政策は、基本的には財界や産業界からの要請に応える形で展開されたという点で、「新たな段階のマンパワーポリシー」[9]としての性格を有していたということ、あわせてそれが、「生涯教育」という言葉から感じられるニュアンス、すなわち「国家によって生涯にわたり教育される」といった問題ともつながることによって、先に述べたような生涯教育に関する一種の混乱状況を生みだしていく。

　そうした中で、「生涯教育」から「生涯学習」という言い方を用いることによって、自らの必要に応じて自主的な学習が生涯にわたって可能となる、といった意味合いを前面に押し出した表現が、政策文書の中で意識的に使われるようになってくるのである。その契機となったのが、1981年の中央教育審議会答申であり、次のように述べている。すなわち「人々が自己の充実や生活の向上のため、その自発的な意思にもとづき、必要に応じて自己に適した手段・方法を自ら選んで行う学習が生涯学習」であり、そしてそうした学習を「総合的に整備・充実しようとするのが生涯教育の考え方である」と。

　その後、後述する臨時教育審議会答申でも一貫して「生涯学習」という言葉が用いられたことによって急速に普及していくわけであるが、表現としては、心理的に抵抗もなくすんなり受け入れられるような印象を与える言葉であるため、それ以降「生涯教育」よりも「生涯学習」という用語を使う傾向が顕著になっていき、同時に言葉そのものに対する反発なども見られなくなっていく。また先に紹介したように、国際的にもlifelong learningという表現が使われるようになってくることによって、そうした傾向が増幅されていく[10]。

　今日、生涯学習という言葉によって表現される活動は、一般には社会教育行政が提供する事業、他の行政部局が提供する事業、大学を中心とする学校開放の事業、NPOなど民間団体の事業、いわゆるカルチャースクールなど、

9　佐藤一子「生涯教育政策の推移と社会教育研究」、日本社会教育学会編『生涯教育政策と社会教育』東洋館出版社、1986年、p.53

10　例えば、1998年に出版されたP.フェデリーギ編の "GLOSSARY OF ADULT LEARNING IN EUROPE"（佐藤一子・三輪建二監訳『国際生涯学習キーワード事典』東洋館出版社、2001年）の中には、Lifelong Learningの用語説明はあるが、Lifelong Educationという用語は見あたらない。

多岐にわたる領域と内容を網羅するものとなっている。このように、生涯学習という言葉によって、そうした学習の広がりを表現することができるようになったわけであるが、しかしながら同時に、あらためて「生涯学習」とは何かが、こうした取り組みの広がりの中で問われてくるのである。

3 生涯学習という概念をめぐって

　今日、「生涯学習」という言葉はかなり普及し、先に紹介したように、政府の調査などでも多くの人々がこの言葉を知っているといわれている。しかしながら、もともとは「生涯教育」として紹介されてきたものが、特に80年代に入ってから意識的に「生涯学習」という言葉に変えられて使用されるようになってくる。それは、ユネスコから提起された生涯教育という教育改革の理念やアイディアが個々人の様々な機会を通して行われる「学習活動」を表現する言葉としてきわめて通俗的に使用されるようになったということの問題である。それゆえ、当時の文部行政担当者からは、生涯学習はあらゆる学習を包括する「マスター・コンセプト」であり、したがって「個々の活動のことは『生涯学習』とか『生涯学習活動』などとは呼ぶべきではなく、また、『生涯学習する』といった言い方もさけるべきだと考えます」[11]といった指摘もされてくるのである。

　これは、行政施策を実行する際の範囲や領域を確定する立場からの意見であるという点で了解されるわけであるが、それと関わって「生涯学習」の概念として問われるのは、これを成人の学習という点に限定してとらえられていることの問題である。そしてそれは、「生涯学習推進計画」といった自治体レベルの施策を立案実施しようとする際に共通に見られる傾向として、学校運営や教育活動、とりわけ授業の方法や形態の問題等についてはほとんど言及されていないということと表裏の関係にある。さらに具体的な行政現場や部局の多くが、従来の社会教育関係部局を「生涯学習」という名称に変えるといった動きとも関わって、「生涯学習」は「社会教育」に取って代わっ

11　岡本薫『新版入門・生涯学習政策』全日本社会教育連合会、1994年、p.8

たものという認識や、それゆえ生涯学習と社会教育とはどう違うのかといった素朴な疑問が繰り返し出されてくるなどの混乱状況をつくり出してきている。

確かに、例えばわが国の代表的な国語辞書とされる『広辞苑』（第4版、岩波書店、1995年）には、生涯教育が「生涯を通じて教育の機会を保障すべきであるとする教育観に基づいて行われる成人教育」とあったように、生涯学習は成人の学習を指し、それゆえそれを担うのは社会教育であると誤解される状況が客観的に存在していた点も否めない。

また、以上の流れから「生涯学習」と「生涯教育」の関係の問題も浮かび上がってくる。「生涯教育」ではなく「生涯学習」を、という時、「生涯教育」という概念や認識が、前述した文化人などからの感情的反発のようにネガティヴであったり、一面的であったりすることの問題性を指摘しなければならないからである。と同時に、本来、教育と学習は相互に結びついているにもかかわらず、一面的に学習のみを強調することによって、この両者の相互関係が見失われることの問題も指摘しなければならない。

先に紹介したように、ユネスコで提起された「生涯教育」は、教育の機能や機会の生涯にわたって社会的に統合されるための制度やシステムのめざすべき基本的なあり方や方向性を表現した理念であり、それゆえ、先の中央教育審議会答申「生涯教育について」の表現を借りれば、人々の生涯にわたる学習活動を援助支援するため「社会の様々な教育機能を相互の関連性を考慮しつつ、総合的に整備・充実しようとする」営みであるといえる。平易にいえば、生涯学習を支え、援助する社会的条件の総体が「生涯教育」ということになるのである。

第3章　生涯学習政策の動向と展開

1 臨時教育審議会答申から生涯学習振興整備法へ

(1)「生涯学習体系への移行」の提唱

　以上のように、1970年代に入ると「生涯教育」を掲げた教育政策の答申や提言が相次いで出されてくるわけであるが、特に学校教育改革に関わる形での政策的具体化の動きは見られなかった。事実、当時文部省（現在は文部科学省）自身も「生涯教育施策の現状は、社会教育で行われてきた従来の施策の域をあまりでていないように思われる」[12]と述べ、そうした状況を認めていた。

　このような理由から、生涯教育が教育政策として具体的な動きが現れてくるのは、その後、特に1980年代に入ってきてからであり、その大きな契機となったのが、1981年に出された中央教育審議会答申「生涯教育について」である。内容的には、先述したそれ以前の答申内容の基調と大差はないが、文字通り「生涯教育」という言葉が答申名として前面に出、それまで教育全体の政策立案と実施に大きな役割を果たしてきた中央教育審議会という諮問機関が生涯教育を基軸とした教育改革の提案を行ったという点で、「国の文教施策の中に生涯教育論が一層強固に位置づけられたことを示すものであった」[13]ということができるだろう。

　そしてこうした政策の方向と流れを決定的にしたのが、1984年に発足した首相直属の諮問機関である臨時教育審議会（略称、臨教審）であった。臨教審は、1987年までに4次にわたる答申を出すわけであるが、その中でもとりわけ第2次答申での「生涯学習体系への移行」という提言は、「我が国が今後、活力を維持し発展していくためには、学校教育体系の肥大化にともなう弊害、とくに、学歴社会を是正するとともに、学習意欲の新たな高まりと多

12　文部省大臣官房企画室「都道府県・指定都市における生涯教育の概要」1978年

13　末本誠『生涯学習論』エイデル研究所、1996年、p.71

様な新しい教育サービス供給体系の登場、科学技術の進展などに伴う新たな学習需要にこたえ、学校中心の考え方から脱却しなければならない」として、過度に学校に依存した教育機会と機能の分散化およびその社会との連続性、系統性をはかり、知識主義の打破、つまり生活や仕事と結びついた教育を実現することで学歴社会を打開していく必要性を強調している。その際に、評価の多元化などとあわせて民間活力の導入を提案している点も指摘しなければならない。それが、その後の生涯学習政策の基調となっていくからである。

　この提言を受ける形で、いわゆる生涯学習政策が急速に進められていく。すなわち、文部省（当時）は1988年に「教育改革の推進」の中で、生涯学習体系への移行を最重点に打ち出し、同年そのための組織体制の整備の一環として社会教育局を廃止し、新しく生涯学習局（現在は総合教育政策局）を立ち上げる。その際重要なのは、文部省では従来初等・中等教育局であった筆頭局を生涯学習局に移したということ、これは文部省がこれまでの学校中心であった施策の重点を生涯学習に移すための組織改編を行ったことを意味する。そしてその翌年には学習指導要領を改訂して、生涯学習社会における学校教育の位置と役割について、児童・生徒に対し生涯を通じた学習意欲の向上にむけて学校がその役割を果たすことが強調されている。

　また、1990年には中央教育審議会答申「生涯学習の基盤整備について」が出されてくる。そこでは、「今後は特に、生涯学習に関する情報を提供したり、各種の生涯学習施設相互の連携を促進し、人々の生涯学習を支援する体制を整備していくことが重要である。」そのため「それぞれの地域の生涯学習を推進するための中心機関となる『生涯学習推進センター』」を都道府県単位で設置し、以下のような事業を行うことが適当であるとしている。①生涯学習情報の提供及び学習相談体制の整備充実、②学習需要の把握及び学習プログラムの研究・企画、③関係機関との連携・協力及び事業の委託、④生涯学習のための指導者・助言者の養成・研修、⑤生涯学習の成果に対する評価、⑥地域の実情に応じて、必要な講座等を主催すること。これを受け、その後生涯学習センター等の設置が進められてくるのである。

(2) 生涯学習振興整備法の成立と生涯学習審議会答申

　さらに、同じく1990年に「生涯学習の振興のための施策の推進等の整備に関する法律」（略称、生涯学習振興整備法）が成立し、この法律にもとづく政策が打ち出されていく。それは、国レベルでの生涯学習審議会の設置（2001年に廃止）、都道府県での地域生涯学習振興基本構想の策定と生涯学習審議会の設置、都道府県および市町村における生涯学習推進組織の立ち上げと生涯学習推進計画づくり、施設整備と様々な行政機関そして民間事業者等による学習事業への支援、学習機会および情報の提供などが主な内容となっている。特に都道府県によって策定される生涯学習基本構想の承認と認可が文部科学・経済産業両大臣によって与えられると明記されている点は、民間事業者の参入を想定してその管轄を担当する経済産業省が教育関係の法律に関わるということ、つまり市場原理に立った学習機会の提供を教育事業として位置づけたことを意味している。

　この法律を受け設置された生涯学習審議会からは、1992年に「今後の社会の動向に対応した生涯学習の振興方策について」と題する答申が出され、いくつかの具体的な施策が提唱されてくる。それは、企業と大学との連携によるリカレント教育の推進であり、ボランティア活動の推進であり、青少年の学校外活動の促進であり、そして現代的課題に対応した学習の強調である。その中でもボランティア活動に関しては、生涯学習との一体性を強調しながらそれを評価によってさらに推進していくという点が特徴となっており、後述するようにボランティア活動のあり方をめぐって大きな問題となっていく。また青少年の学校外活動の促進については、同年の学校週5日制の実施につながり、その結果、休日となった土曜日に地域で子どもたちに豊かな学習文化活動をどう保障していくかが問われるようになってくるのである。

　なお、この答申では現代的課題に対応した学習の必要性が強調されており、「多様な現代的課題の中から、学習課題とするものを選択するに当たっては、それが心豊かな人間の形成に資すること（豊かな人間性）を基本としつつ、特に、その課題が社会的観点から見てどれだけの広がりを持っているか（社会性・公共性）、どれだけその学習が時代の要請に即応しているか、緊急・必要であるか（現代性・緊急性）などの観点から行われることが重要である」として、具体的に生命、健康、人権、豊かな人間性、家庭・家族、

消費者問題、地域の連帯、まちづくり、交通問題、高齢化社会、男女共同参画型社会、科学技術、情報の活用、知的所有権、国際理解、国際貢献・開発援助、人口・食糧、環境、資源・エネルギー等が例示されている。

このような学習課題の提起は、それまでの政策の基調であった人々が生涯にわたって自主的に学ぶことを支援するということ、すなわち「生涯学習は、各人が自発的意思に基づいて行うことが基本であり、必要に応じ、可能な限り自己に適した手段及び方法を自ら選びながら、生涯を通じて行うものであること。そして生涯学習を振興するに際して国や地方公共団体に期待される役割は、人々の学習が円滑に行われるよう、生涯学習の基盤を整備して人々の生涯学習を支援していくこと」から、さらに人々に求められる学習の内容にまで踏み込んで提案しているという点で注目される。

こうした流れの中で、この時期の特徴的な施策としてあげられるのは、コンピュータの端末を利用した学習情報提供システムの整備、いわゆる「まなびねっと」の普及や1989年から始められた生涯学習フェスティバルの開催などであるが、それとあわせて放送大学の取り組みも進められていく。

(3) 2000年以降の生涯学習政策の動向

2000年代に入ると、多国籍化する市場経済の国際競争（グローバル化）が進む中で、新自由主義という考え方にもとづく市場化と「効率性」・「合理性」を追求する流れがこれまで以上に顕著になってくる。そこでは「公的部門の民営化」や「公共部門の資本市場への転換」が強調され、生涯学習政策もそれに連動する形で、主として社会教育分野に民間資本と事業者が参入できるようにするための関係法の規制を「緩和」する施策が進められていく。

生涯学習振興整備法以後、こうした規制緩和と市場化の流れは、公共部門の民間委託と民営化を推し進め、2003年の公共施設の管理受託者を民間企業にまで拡大することを目的とした「指定管理者制度」の導入につながっていくのである。この制度によって社会教育施設の完全委託が可能であるとして、文科省は、2005年に「公民館、図書館及び博物館の社会教育施設については、指定管理者制度を適用し、株式会社など民間事業者にも館長業務を含め全面的に管理を行わせることができる」（「社会教育施設における指定管理者制度の適用について」）とする通達を出している。（社会教育施設の指定管理制度

の動向については、第2部を参照）

　さらに、市町村から都道府県へと施策の中心をシフトさせることで、従来の社会教育行政が生涯学習行政に取って代わられるという状況、つまり社会教育担当部局名を「生涯学習」に変更するだけではなく、社会教育行政部局そのものが首長部局へ編入される動きがつくられてくることも指摘しなければならない。そうした政策を推進していくために文科省は、2001年に改称された生涯学習政策局をさらに2018年には生涯学習政策局および社会教育課を廃止し、新たに総合教育政策局および地域学習推進課を発足させるのである。

　このような中で同省は、知識基盤社会への移行、長寿社会の到来、職業やワークライフの変化やライフスタイルの多様化等に伴い、人々が自らのスキルを向上させたりブラッシュアップしたりする学習の重要性を強調し、そのための学習機会の提供が必要であるとして、2016年の中央教育審議会答申（「個人の能力と可能性を開花させ，全員参加による課題解決社会を実現するための教育の多様化と質保証の在り方について」）にもとづいて実践的なキャリアアップ・プログラムやその認定制度の推進を提唱している。それが、「社会人の学び直し」などと表現され、リカレント教育の一環として「リスキリング」といった名称で現在大学等や職場、民間レベルなどで取り組みが進められてきているのである。

　それについて、例えば文科省委託調査「社会人の学び直しの実態把握に関する調査研究報告書（令和元年度）」（株式会社エーフォース、2019年）では、回答者5000人余の様々な業種の社会人のうち、「学び直し」の経験がある人の割合は33％、今後行う予定や興味がある人は50％となっており、総じて学習意欲が高いことがうかがえる。また学んでいる、あるいは学んだ経験がある機関については、大学（短期大学を含む）、大学院、高等専門学校、各種専門学校などが17％、民間の講座や職場、職業訓練校などが47％となっている。

　加えて、近年の生涯学習政策において特筆されるのが、学校卒業後の障害をもつ人への学習文化支援に関わる一連の取り組みである。それは、「特別支援教育の生涯学習化」をテーマに具体的な施策としてこの間進められてきており、従来の社会教育に加え、福祉行政さらには社会福祉法人やNPOなど民間レベルでの取り組みとして広がってきているのである。今後それらのさらなる広がりとお互いの連携・協力が期待されている。（詳しくはコラムを参照）

2 社会変動と生涯学習の課題

　以上述べてきたような生涯学習政策の背景となっているのは、特に1980年代に入ってからの急激な社会変動であり、それに対応した人々の意識やライフスタイルの変化である。

(1) 生涯学習が提唱されてくる社会的背景

　まず、科学技術の高度化があげられる。めざましい科学技術の進歩と技術革新によって人々の生活環境が大きく変化するとともに、仕事等を通して絶えず新たな知識・技術に対応した新たな職業能力が必要とされるようになる。その中でも、とりわけマイクロエレクトロニクス（ME）革命と呼ばれるコンピュータによる情報機器の発展と情報化の進展、すなわち情報技術の進歩と情報量の飛躍的増加は、いわゆるオフィスオートメーション（OA）化を促進し、それが職場環境の急激な変化をもたらし、それによって知識技術の加速度的進歩とスクラップ化そして新たな職種や職務の専門分化と高度化に主体的に対応できる能力が求められるというものである。

　次にあげられるのが、人口構成の変化にともなう高齢化の進展である。全人口に占める65歳以上の人の割合が、世界に例を見ない早さで増加しているという意味で、日本での高齢化は急速に進んでいる。このことは、年齢を問わず、すべての人にかかわる問題であるとして、生涯にわたってこの問題への理解と心構えを持つことの必要性が強調されるのである。それを教育文化的側面からとらえた場合の取り組みとして、高齢化社会における学習支援の課題があげられるわけであるが、それは大きくは3つの領域を網羅するものといえる。

　1つは、高齢者教育という意味であり、当事者である高齢者に対して生きがいや自己実現といった面から学習文化を保障していくための課題である。2つ目は、これから高齢期を迎える人を対象とした高齢者準備教育という意味であり、高齢者になるにあたって必要な知識や情報だけではなく、生活環境の変化や老いの受容への心理的準備も含めた包括的な学習支援の課題である。そして3つ目が、高齢者と向き合い支える位置にある世代を対象とした高齢者理解教育である。とりわけ、米国などでは最後の差別とも呼ばれるエ

イジズム（高齢者差別）の問題や虐待等の問題だけではなく、老いることを
マイナスではなくプラスととらえる価値の転換も含めた人間観そのものに関
わる学習支援の課題である。

　そうした背景に加え、人々の意識、すなわち価値観の変化と多様化という
現象があげられている。いわゆる物的な豊かさから精神的豊かさへの志向と
ともに、価値観が多様化し、生涯を通じての生きがいや自己実現など、人間
性豊かな生活を求める意識が高まってきているといわれているが、それを支
えているのは、豊かな経済がもたらす生活水準の上昇、労働時間短縮による
相対的自由時間の増大そして高等教育の進学率の上昇に示される教育水準の
向上などである。

　さらにこうした意識の変化は、男女共同参画型社会の形成という課題と結
びつく。特に1975年の国際婦人年やその後のいわゆる「女子差別撤廃条約」
などによって、男女差別是正の取り組みと女性の社会進出が進む中で、より
いっそう社会のあらゆる分野に女性が参画できるよう条件整備を図っていく
ためには、男女の固定的な性別による役割分業意識を改めることが求められ
ているというものである。そうした点も、生涯学習が提唱されてきた背景と
して指摘されている。

　そしてその背景の最後にあげられているのが、家庭・地域の変化である。
よく知られているように、都市化、工業化、核家族化、少子化等といった状
況が、人間形成の基礎を培い生活を支えている家庭や地域社会の基盤を弱体
化させており、その機能を回復し充実させていくことが必要となってきたと
いうものである。こうした課題を受け、いわゆる生涯学習のまちづくりの取
り組みなどが展開されていく。そしてそれは、また国際化の進展にともなう
多文化社会への対応の課題とも連動し、特に「内なる国際化」の課題として
の異文化理解と人権教育のあり方が問われてくるようになるのである。

(2) ライフスタイルの変化と学習文化要求の高まり

　上述のような大きな変化は、必然的に人々のライフスタイルと価値観を変
化させることになる。特に労働時間短縮の動きは、自由時間の増加を生み出
し、それが余暇志向の増大につながっていくのである。労働基準法に定めら
れた所定内労働時間の年間推移は、1993年にはじめて1,900時間を切り「時

短元年」と呼ばれたわけであるが、それは主として週休2日制の着実な普及によって実現したものである。ちなみに、高度経済成長期の1960年の年間所定内労働時間は2,170時間となっている。あわせて平均寿命ののびは、人々の仕事や家事等から解放されて享受できる生涯の自由時間がかつてなく増えたことを意味する。

　これらのことが、意識の確実な変化につながり、それは、例えば仕事と余暇のどちらを重視するかという、NHK放送文化研究所の調査（『現代日本の意識構造』、2000年）において、「余暇志向」および「仕事・余暇志向」という意見が多数派を占めるなどに象徴的に示されている。すなわち、1998年の段階でこの2つの合計が72％余を占め、仕事志向の25％余を大きく引き離していた。1973年段階では、仕事志向が約44％であったということから見ても、この間の意識の着実な変化が読みとれる。

　このような変化が余暇志向の現実的な基盤を形成し、あわせて自己実現という精神的満足を求める意識となって表現されてくるのである。そのような意識が、生涯学習に対する関心の高さにつながり、学習文化活動の要求となって表れてくるのは容易に想像できる。そのことは、例えばこの間の「生涯学習に関する世論調査」（内閣府）からもうかがえるだろう。

　その中で、今後「生涯学習」をしてみたいと思うかどうかを尋ねたところを見ると、2000年では「してみたいと思う」と答えた人の割合が64.0％と高くなっている。同じく2005年では63.9％とほとんど変わっていないが、2008年の調査では70.5％とさらに高くなっている。こうした調査からも、多くの人々が学習要求をもっている状況が見てとれるのである。

　また、人々はどのような学習を行っているかに関して、2022年の同調査によると、1年間で1か月以上行った学習として、「仕事に必要な知識・技能や資格に関すること」が40.1％と最も高く、以下「健康やスポーツに関すること」（31.3％）、「料理や裁縫などの家庭生活に関すること」（23.1％）、「音楽や美術、レクリエーション活動などの趣味に関すること」（22.9％）、「インターネットの知識・技能に関すること」（20.4％）などとなっている。そしてこれに対応する形で学習をした理由が、「現在または当時の仕事において必要性を感じたため」（53.5％）、「家庭や日常生活に生かすため」（47.8％）、「人生を豊かにするため」（45.8％）、「健康の維持・増進のため」（42.6％）など

となっており、ここからは、人々の学習とそのニーズの基本的な特徴を見ることができるだろう。（いずれも複数回答）

　ただ、これに対して「学習していない」と回答している人も約4人に1人の割合である点は無視できない。学習をしていない理由として「特に必要がない」（45.5%）、「きっかけがつかめない」（29.1%）、「仕事が忙しくて時間がない」（27.5%）などがあげられており、そこからは学習の動機付けや学習機会の提供といった課題が見てとれるからである。

　なお、こうした学習内容については、「仕事に必要な知識・技能や資格に関すること」、「健康やスポーツに関すること」、「インターネットの知識・技能に関すること」などは相対的に男性の割合が高く、それに対して「料理や裁縫などの家庭生活に関すること」は女性の割合が高くなっている。

　さらに、どのような「生涯学習」の機会が増えればよいかについては、「インターネット」（58.7%）、「書籍や雑誌など」（45.3%）に次いで「公民館や生涯学習センターなど公的な機関の講座や教室」が34.4%となっている。そのほか、「テレビやラジオ」（24.3%）、「図書館、博物館、美術館」（24.2%）、「カルチャーセンターやスポーツクラブなど民間事業者の講座や教室」、「通信教育」（24.1%）に加え、「職場の教育、研修」、「同好者が自主的に行っている集まり」、「サークル活動」、「高等学校、大学、大学院、短大、専門学校など学校の講座や教室」など様々なものがあげられている。そして生涯学習を支援していくための国や地方自治体が力を入れるべきこととして、以下のような要望が出されている。

・「インターネットを利用したオンライン学習の充実」（40.7%）
・「仕事に必要な知識・技能の習得や資格取得に対する経済的な支援」
　（38.2%）
・「公民館、学校施設の開放などの学習のための施設の増加」（33.7%）
・「学習を支援する人の充実」（31.0%）
・「労働時間の短縮や学習するための休暇制度などの充実」（29.0%）
・「学習に関するプログラムや費用などの情報提供の充実」（28.5%）

（以上、いずれも複数回答）

(3) 学習文化支援の状況

　以上のような学習文化要求の高まりに応える形で、様々な学習機会の提供が、社会教育行政だけでなく首長部局分野の事業としても行われてくる。あわせて、民間の教育・文化産業やNPOも含む法人関係、大学を中心とする学校開放の事業なども、とりわけ1990年代以降大幅に増加している。それについて、ここでは、社会教育行政および一般行政（首長）部局が行っている学習提供事業に限定して、その実態を見てみたい。

　「社会教育調査－令和3年度結果の概要」（文部科学省）によると、2017年（平成29年）度間に全国の都道府県と市町村の教育委員会、都道府県と市町村の首長部局および社会教育関係施設が実施した学級・講座の開設数の総数は、表1－1のように2014年（平成26年）度よりもかなり増加し、87万1,947となっている。ただ、2020年（令和2年）度については、2017年（平成29年）度に比べ大幅に減少しているが、これは新型コロナウイルスの感染拡大に伴う各施設・機関での事業の中止等の影響によるものと推測される。

【表1－1】施設等別の学級・講座数

(件)

区　分		合計	都道府県・市町村教育委員会	都道府県・市町村首長部局	公民館（類似施設含む）	博物館	博物館類似施設	青少年教育施設	女性教育施設	劇場, 音楽堂等	生涯学習センター
平成	16　年度間	920,237	164,632	207,793	428,473	17,663	20,771	16,718	7,555	56,632	…
	19	911,612	140,100	165,893	469,546	20,586	25,032	17,852	9,936	43,101	19,566
	22	816,996	120,164	176,365	390,495	28,087	30,933	14,781	8,652	33,322	14,197
	26	803,746	123,877	170,191	359,445	33,769	39,628	18,201	11,178	28,590	18,867
	29	871,947	118,950	199,150	384,371	39,324	44,674	27,194	10,831	32,391	15,062
令和	2	521,924	67,231	116,940	239,085	20,235	20,248	12,942	6,337	26,336	12,570

（出典：文部科学省ホームページ「社会教育調査－令和3年度結果の概要」、2023年）

　同じく都道府県と市町村の教育委員会、都道府県と市町村の首長部局および社会教育関係施設が実施した学級・講座の受講者数は、表1－2のように2010年（平成22年）度以降増加傾向にあったが、2020年（令和2年）度は、1,188万6,154人と2017年（平成29年）度の3分の1近くまで減少しており、ここからも新型コロナウイルスが人々の学習文化支援にいかに大きな影響を及ぼしたかが見てとれる。

【表１－２】施設等別の学級・講座の受講者数

(人)

区分		合計	都道府県・市町村教育委員会	都道府県・市町村首長部局	公民館(類似施設含む)	博物館	博物館類似施設	青少年教育施設	女性教育施設	劇場、音楽堂等	生涯学習センター
平成	16 年度間	33,727,289	7,972,707	8,087,092	12,456,887	1,421,025	1,119,949	615,889	234,325	1,819,415	…
	19	34,172,338	7,105,133	7,129,408	13,038,152	1,848,441	1,624,320	687,842	336,113	1,417,910	985,019
	22	29,704,865	5,546,523	7,087,421	10,896,159	1,949,696	1,743,442	603,094	299,739	953,979	624,832
	26	30,860,845	6,086,395	7,854,365	9,427,239	2,104,716	2,273,990	745,431	383,125	1,084,277	901,307
	29	32,241,020	5,679,200	8,680,201	9,518,081	2,366,109	2,875,704	950,901	345,310	1,085,689	739,825
令和	2	11,886,154	1,932,299	3,155,310	3,896,723	764,774	897,385	223,122	148,758	600,332	267,451
うち女性受講者数		6,089,990	1,143,130	1,885,040	2,661,288			119,671	118,407		162,454
(一施設当たり受講者数)		…	…	…	(689.8)	(1813.1)	(643.9)	(1132.0)	(964.6)	(592.6)	(1491.6)

(出典：文部科学省ホームページ「社会教育調査ー令和3年度結果の概要」、2023年)

　なお、こうした学級・講座に加え、様々な集会やイベント（講演会や文化・スポーツ関係の事業等）について2017年（平成29年）度で見てみると、事業総数は183万1,000余となっている。またそうした事業への参加者の総数は、１億1,973万1,000人余となっており、それまで毎年延べで１億人を超える人々がこうした集会やイベントに参加したことになる。これに対して2021年（令和3年）度の事業総数は、247万4,000余となっているが、これは民間体育施設の件数が2017年度に比べて3倍近く増えた結果であって、他の首長部局や社会教育施設では、前述の学級・講座と同じ理由で大幅に数を減らしている。（文部科学省「社会教育調査ー令和3年度結果の概要」2023年）

3　都道府県と市町村レベルでの施策

　これまで紹介したような学習文化要求の高さ、多くの学習機会の提供や受講者数などをもって、文部科学省などは「生涯学習の時代」などと表現しているわけであるが、そうした学習文化支援の具体的な取り組みは、主に以下のような都道府県と市町村レベルでの施策として実施されてきている。

（1）生涯学習推進体制の整備と生涯学習のまちづくり

　とりわけ1990年代以降、全国の都道府県および市町村では、全庁的に生涯学習支援の体制づくりをめざして組織の再編が行われてくる。そこでは、多くが首長をトップとした生涯学習推進本部や生涯学習推進協議会などの名称で生涯学習推進体制の整備が進められ、全ての都道府県と政令都市をはじめ

として市町村でも同じような体制づくりが進められてくるのである。

　その中でも、かなり早い時期に後述するような「生涯学習宣言」を行い、生涯学習推進体制づくりを進めたとされる北海道の真狩村（まっかり）では、村長を本部長とし、教育委員会、農協、農業改良普及所、商工会、社会福祉協議会によって構成される生涯学習推進本部を立ち上げ、その下に推進本部の方針を受けて具体的な事業の企画立案と条件整備を推進する生涯学習推進協議会が設置される。そこには、本部組織の関係課長、部長、主任のほか、校長会長、教頭会長、青年団体・婦人（当時）団体の長、文化団体・体育団体の長、若妻会の長、連合PTA会長そしてさらに7つの地区生涯教育振興会の長など総勢25名がメンバーとして加わり、文字通り全村をあげての生涯学習支援の取り組みであるという点が特徴となっている。

　その一方で、従来の社会教育部局の改編で体制づくりを行う市町村も少なからずあり、生涯学習と社会教育との混同による混乱が生じる原因ともなっていくのである。あわせて生涯学習振興整備法に規定された生涯学習審議会を設置して、そこを中心に生涯学習推進計画を策定するところも、都道府県と政令指定都市だけではなく、市町村自治体でも全体の4割以上となっている。

　また施設については、都道府県を中心に生涯学習センター等の整備も進み、先の社会教育調査によると、2021年度で全国に496館が設置されている。そこでは学習情報の提供と学習相談、学習プログラムの開発や学習ニーズの調査、関係機関との連携協力、指導者等の養成や研修とあわせて住民を対象とした学習文化事業も実施するとされ、実際に多くの事業が行われてきている。

　こうした推進体制の中で特筆されるのが、「生涯学習宣言」である。宣言を出したのは、1999年段階で134市町村となっていたが、その中で最も早いのは静岡県の掛川市で、1979年4月1日に宣言を行っている。この取り組みについては、特に比較的小さな市町村では地域振興や町おこし、村おこしの一環として進められてきた経緯があるため、生涯学習のまちづくりの施策とつながっているのが特徴である。先に紹介した真狩村は、岩手県の金ヶ崎町に次いで3番目の1981年に生涯学習宣言をし、地域づくりに焦点を当てた取り組みを行っている。ここでは、過疎と高齢化の中にあって人々のまちづくりへの関心や意欲を高め、そこから学習文化活動を通して主体的に地域づく

りに参画していくことがめざされているのである。

ただ、生涯学習宣言の市町村数は2018年で84となっている。2008年以降新たに宣言を出したのは7自治体のみで、徐々に減少してきているのが実状である。その主たる理由としては、この間の大幅な市町村合併の進行があげられる。合併によって宣言をした市町村自体そのものがなくなったり、宣言を解消するというケースも少なくないからである。あわせて、合併後の生涯学習推進体制の再構築が進まない自治体が多いことも指摘されている。

（2）人材養成とボランティア活動の支援

今日の生涯学習政策において強調されているのが、民間指導者やボランティアであり、その中でボランティア養成とその活用が大きな眼目として位置づけられている。例えば「生涯学習ボランティア」といった名称で社会教育施設、特に博物館や図書館および青少年教育施設の機能を高めるための人材育成が唱道されてきたわけであるが、あらためて生涯学習とボランティア活動との関係について整理したのが、1992年の生涯学習審議会答申「今後の社会の動向に対応した生涯学習の振興方策について」であり、そこでは大きく３つの視点から次のようにまとめられている。すなわち、第１に「ボランティア活動そのものが自己開発、自己実現につながる生涯学習になるという視点」、第２に「ボランティア活動を行うための学習として生涯学習があり、学習の成果を生かし深める実践としてボランティア活動があるという視点」、そして第３として「ボランティア活動によって生涯学習の振興が一層図られるという視点」である。

この答申を受ける形で1992年度から「生涯学習ボランティア活動総合推進事業」が始められ、「生涯学習ボランティア」のほかにも「社会教育施設ボランティア」や「生涯学習アドバイザー」などといった生涯学習の推進を担うとされる人材の育成について、地方自治体では「生涯学習コーディネーター」、「奉仕・体験活動コーディネーター」等の育成と登録、さらに民間団体による生涯学習人材の育成と認定など、多くの取り組みが実施されてくるのである。その際に、こうしたコーディネーターに求められる資質として、地域生活や産業における課題とニーズを把握しながら、地域において民間企業、行政、関係団体、社会教育施設、学校等が個別に展開している学習支援

を相互につなげるとともに、具体的に事業を企画・立案していく能力などがあげられている。

　特に学校教育においては、学校を地域に開くという課題にそって、いわゆる「学社連携から学社融合へ」というスローガンのもとに地域の人材を活用し、教員と連携しながら学習内容の企画を行い、授業や生活指導、特別活動などの教育活動に生かすことができる「学校教育支援コーディネーター」の配置などが行われてくる。そしてさらにこれらの取り組みを推進していく目的で始められたのが、「学校支援地域本部事業」である。これは、学校長や教職員、PTAなどの関係者を中心とする「学校支援地域本部」を設置し、地域の教育力を高め、地域住民が学校支援ボランティアとして学習支援活動や部活動の指導など地域の実情に応じて学校教育活動を支援するために、2008年度から全国1,800か所余の市町村でモデル事業として実施されてきている。

　そこでは、原則として中学校区を基本的な単位として設置し、学校支援活動の企画、学校とボランティアの間を調整する地域コーディネーターの配置、学校支援ボランティア活動の実施、広報活動、人材バンクの作成などを行うとされる。特に学校と地域の現状をよく理解している地域コーディネーターが、学校の求めに応じ、登録した住民のボランティアを学校の授業補助、学校図書室での書籍貸し出しなどの管理・運営、校庭の芝生や花壇などの整備等をすることで、地域と学校をつなげる役割が期待されている点が特徴となっている。

　このようなボランティアの養成と活用という一連の取り組みからは、生涯学習は個々人が自己の学習成果を社会的に還元するために行われるものであり、そうした社会的還元の形態としてボランティア活動があるという認識が読みとれる。ボランティア活動が、社会的公共性の実現において大きな役割を担っているという点から見た場合にこの認識は首肯されるが、同時に、行政の下請け的人材養成や性別役割分業に基づく性役割の固定化、つまり男性は仕事、女性特に主婦層はボランティアで地域に貢献していくという点につながる問題があることへの留意が必要である。

第4章　生涯学習支援の取り組み

1 生涯学習の主たる領域と事業

　これまで述べてきたように、「生涯学習」とは、一般には子ども・青年から高齢者まですべての人々が生涯にわたって行う学習・文化・スポーツ活動（レクリエーション活動を含む）、ボランティア活動、職業教育など、様々な場や機会において行われる活動の総体という意味で用いられており、それらが行われている基本的な領域は以下のように分類することができる。

　1つは、教養や文化活動そして先に紹介した1992年の生涯学習審議会答申に例示されているような社会的課題や地域（コミュニティ）での課題等の学習を支援する取り組みである。そこで中心的な役割を果たしているのが社会教育行政であり、それに加え一般行政さらにいわゆるカルチャースクールなどの民間教育文化機関、公益法人やNPO法人、民間ボランティア団体などがある。

　2つ目は、労働や職業能力に関わる学習を支援する取り組みであり、職業訓練や企業内教育のような職場での取り組みそして労働組合教育などの領域である。ここには、ハローワークなどで行われている就労支援事業も含まれており、近年のリストラと不安定雇用、さらにはニート（15〜34歳の非労働力人口の中で学生と専業主婦を除き、求職活動に至っていない者）など若者の就労問題等に対応した新たな職業教育のあり方が問われてきている状況が反映されている。

　3つ目は、学校開放とよばれる取り組みであり、初等教育から高等教育まですべての学校のもつ機能を地域や一般市民に広く開放していくとともに、学校の教育機能を社会に広げていくという意味で、近年の生涯学習支援の中に占める割合が相対的に高まってきている領域である。生涯学習政策の重点もここに置かれるようになっており、文字通り学校の生涯教育機関としての役割が期待されている。

以下、これらの領域にそってそこでの主要な取り組みについて紹介していく。ただ、社会教育行政の取り組みについては、第2部で詳しく述べられているので、ここでは省略する。

2 首長（一般行政）部局での取り組み

　「社会教育調査－平成30年度結果の概要」によると、首長（一般行政）部局が実施している事業の中で学級・講座については、2017年（平成29年）度の開設数が都道府県と市町村で19万9,000余、参加者数は延べ868万人余となっていた。その学習内容を見てみると、表1－3のように他と比較しての特徴的な傾向として、趣味や教養の割合が低いのに対し、家庭教育・家庭生活、職業知識・技術の向上、市民意識・社会連帯意識の割合が高いという点があげられる。それに対応して、実施している行政分野も主に福祉、環境、地域振興、文化、商工労働などとなっており、家庭・家族、健康、介護、地域づくり、職業、産業振興、ゴミ問題など、それぞれの担当分野を反映させた内容となっている。なお、2021年度は、他と同じように、新型コロナウイルスの影響により、大幅に減少しているが、学習内容の傾向については大きな変化はない。（文部科学省「社会教育調査－令和3年度結果の概要」2023年）

【表1－3】学習内容別学級・講座数

(件)

区　　分	計	教養の向上	うち趣味・けいこごと	体育・レクリエーション	家庭教育・家庭生活	職業知識・技術の向上	市民意識・社会連帯意識	指導者育成	その他
都道府県・市町村教育委員会	118,950	43,148	25,673	22,530	37,817	890	10,877	1,362	2,326
	(123,877)	(42,702)	(25,831)	(22,095)	(43,085)	(925)	(11,010)	(1,264)	(2,796)
構　成　比	100.0%	36.3%	21.6%	18.9%	31.8%	0.7%	9.1%	1.1%	2.0%
都道府県・市町村首長部局	199,150	32,871	22,475	37,508	81,213	4,010	38,720	2,069	2,759
	(170,191)	(27,402)	(18,351)	(19,173)	(78,205)	(3,963)	(36,675)	(2,252)	(2,521)
構　成　比	100.0%	16.5%	11.3%	18.8%	40.8%	2.0%	19.4%	1.0%	1.4%
公　民　館（類似施設を含む）	384,371	147,553	122,922	63,946	66,929	1,760	26,617	1,978	75,588
	(359,445)	(184,525)	(156,550)	(67,615)	(75,119)	(1,662)	(24,238)	(2,306)	(3,980)
構　成　比	100.0%	38.4%	32.0%	16.6%	17.4%	0.5%	6.9%	0.5%	19.7%
青少年教育施設	27,194	20,816	3,627	2,351	1,324	294	247	800	1,362
	(18,201)	(13,893)	(2,867)	(1,841)	(1,189)	(59)	(298)	(413)	(508)
構　成　比	100.0%	76.5%	13.3%	8.6%	4.9%	1.1%	0.9%	2.9%	5.0%
女性教育施設	10,831	4,578	546	290	3,124	507	1,808	121	403
	(11,178)	(2,494)	(944)	(499)	(2,876)	(1,394)	(1,953)	(1,319)	(643)
構　成　比	100.0%	42.3%	5.0%	2.7%	28.8%	4.7%	16.7%	1.1%	3.7%
生涯学習センター	15,062	7,625	4,864	1,854	3,046	402	1,559	337	239
	(18,867)	(10,257)	(7,283)	(2,875)	(3,280)	(423)	(1,510)	(324)	(198)
構　成　比	100.0%	50.6%	32.3%	12.3%	20.2%	2.7%	10.4%	2.2%	1.6%

（注）（　）内は平成27年度調査（平成26年度間）の数値である。

（出典：文部科学省ホームページ「社会教育調査－平成30年度結果の概要」、2020年）

なお、このような事業を展開する上で、先述した生涯学習推進体制の整備と並んで首長部局の中に生涯学習を専門に扱う部局が設置されているところもある。その中でもとりわけ注目されるのが、埼玉県八潮市の取り組みであり、1994年から「生涯学習まちづくり出前講座」というユニークな事業を始めたところとして知られている。「まちづくり出前講座」とは、市民の要望に応じて市の担当者が地域で講座を実施するというものであったが、それがその後市民や地元企業等もそれぞれの専門知識や特技をもつ講師として登録することで、講座のメニューも大幅に増えてきている。同市のホームページ（2023年4月現在）によると、講座は「きいてみよう」「体験してみよう」「つくってみよう」「みてみよう」という4つの領域で構成され、それぞれ市民編、サークル編、民間企業編、教職員編、公共機関公益企業編などという形でプログラムが提供されているという。

　例えば、「きいてみよう」の公共機関公益企業編を見てみると、介護予防と地域包括センターの役割（担当：地域包括センター）、生活習慣病教室（八潮中央病院）、くらしを支えるエネルギー防災編（東京ガス）、非行防止（薬物乱用防止）教室（草加警察署）、退職後の生活設計と資産運用（日本証券業協会）など、これらを含めて4つの領域全部で803のプログラムが用意されている。この八潮市の取り組みは、その後全国の多くの自治体等に広がり、「出前講座」などの名称で、それぞれの自治体の条件等に応じて様々な取り組みが行われるようになってきているのである。

3　民間教育文化機関（カルチャースクール）が提供する事業

　いわゆる「カルチャースクール」と総称される民間の教育文化機関が提供する事業については、特に1973年の朝日カルチャーセンターの開講をきっかけとして、その後 "カルチャー産業" などと呼ばれるまでに発展していく。例えば同様の機関の数は、1985年には436、年間の受講者も136万人を数えるが、その後わずか5年ほどで機関数は691までになるのである。こうしたカルチャー産業の台頭が、1989年の51団体で構成される全国民間カルチャースクール事業協会の設立につながっていく[14]。その後は、バブル経済の崩壊と

景気の低迷にあっても確実に発展し、2018年の受講者数はこの間若干減少したとはいえ、100万人を超え、事業所数も681となっている。（経済産業省「平成30年特定サービス産業動態統計調査」2019年より）

　特に1998年の生涯学習審議会答申「社会の変化に対応した今後の社会教育行政の在り方について」において、「今後は、例えば共催で事業を実施することや、社会教育施設を開放すること（中略）など民間の教育事業に関する情報を提供していくことなど積極的な対応が必要である」として、社会教育行政と民間との連携の必要性が強調されて以降、共催や後援、講座の受託、社会教育施設の借用なども可能となるなど、多様な市民のニーズに応えるという名目で取り組みを進めてきている。ただ同時に、民間企業と行政の関係のあり方が問題として指摘されてくる点には留意が必要である。

　こうした教育文化機関の特徴としては、運営する主な事業主体が放送局系、新聞社系、デパート・スーパー系などであることである。またそこで提供される事業内容としては、趣味・教養と健康関係が全体の7割ほどを占めており、主なものは文化史・文学・歴史、外国語、書道・手芸・生花・絵画・陶芸などの美術、音楽、ダンスやヨガ・フィットネスなどであるが、そのほかにも様々な資格取得、時事問題や社会的課題に関するテーマを扱うなど、多岐にわたるプログラムが特徴である。

　その一方で、多くの顧客を獲得するために事業所が都市部に集中し、それが地方との格差となって表れていること、さらに受講料がかかるため、学習意欲や興味関心だけでなく、少なからず経済的条件に左右されることなど、課題が多いこともあわせて指摘しなければならない。

14　会員規約の中で「全国民間カルチャー相互の交流と協力によって、カルチャー事業の健全な発展向上を図るとともに、生涯学習を普及、振興し、我国の教育、文化の発展に寄与することを目的とする」と述べられている。

4 職業能力開発と職場における学習支援

(1) 職業能力開発支援の取り組み

　近年、職業能力開発の支援は、従来の主として高校等の卒業者を対象に職業技術の基礎的能力の習得を目的とした職業訓練開発校などの取り組みから、さらに職業能力開発大学校や短期大学校などを設置し、今日の急速な科学技術の発展に対応した高度な専門的知識や技術の提供という方向へ進んできている点が特徴となっている。

　こうした施設は、公共機関を中心に全国に400校余設置され、そこに約40万人が通学しているといわれている。その内訳は、独立行政法人高齢・障害・求職者雇用支援機構が設置・運営する職業能力開発大学校（通称ポリテクカレッジ）や職業能力開発促進センター（ポリテクセンター）、都道府県と市町村が設置・運営する職業能力開発校（名称は都道府県によって異なり、主に「○○専門校」が多い）などである。都道府県立の職業能力開発校は2011年で166校、市町村で設置されているところは１校のみとなっている。そのほかに、独立行政法人高齢・障害・求職者雇用支援機構と都道府県が設置・運営する障害者職業能力開発校があり、障害をもつ人の職業訓練と就業支援に大きな役割を果たしている。

　それに加え、職業訓練法人等の団体や民間企業、組合などが行っている職業訓練もあり、民間企業ではトヨタ自動車株式会社が運営するトヨタ工業学園などが有名である。また、地域の商工会議所等が独自に簿記会計や商品販売等に関する専門講座を開設したり、財団等が、特に中小企業のニーズに応える形で取り組む例もある。その中には、例えば経営者二世のための講座や第二の人生準備講座などといったユニークな取り組みや起業に関する講座なども含まれている。

　一方、女性のライフステージに対応したニーズにもとづいて、女性の社会参加を就労の面から支援する、いわゆる再就職支援のプログラムを実施している女性センターなどでの取り組みもある。先の「社会教育調査―平成30年度結果の概要」にある学習内容別学級・講座数を見ると、女性教育施設の「職業知識・技術の向上」の占める割合が4.7％となっており、他の機関、施設よりも相対的に高いことがわかる。例えば、川崎市の男女共同参画セン

ターのキャッチフレーズは、「子育てや介護などを理由に一度仕事を辞めてしまったけれども、『もう一度働きたい』と考え始めたあなたのための再就職応援メニューを紹介しています。（中略）基本的に保育付の講座です。」となっている。そこではまず再就職準備ビギナーズセミナーとして、最近の就労環境についての知識を得ながら働く準備をするために必要となる心構えや自分の現状にあわせた課題整理、働き方の選択の仕方などの講座があり、それをふまえ職場体験インターンシップとして具体的に働き始めるにあたって無理なく働くための就労実践研修のプログラム等が用意されている。

　さらに、近年の雇用情勢に対応した就業者や失業者の職業能力向上を支援する事業として、1998年から実施されている教育訓練給付制度がある。在職者や離職者が厚生労働大臣の指定する教育訓練講座を受講し、修了した場合に、支払った経費の一部を支給する雇用保険の給付制度である。対象となる講座は、情報関係、事務関係、専門的サービス関係、営業・販売・サービス関係、社会福祉・保健衛生関係、技術関係、製造関係などの分野の2,000余のプログラムであり、そこでは大学、大学院との連携も行われている。

　あわせて、無職の若者が職業訓練や仕事への関心や意欲を高め、就労にソフトランディングできるための支援として注目されるのが、地域若者サポートステーションと呼ばれる国の事業である。これは、15歳から45歳の人を対象に個々人の置かれた状況に応じて個別的で継続的な支援を行うため、地方自治体と連携しながら地域の支援機関のネットワークをつくり、そこでの拠点として「地域若者サポートステーション」を設置し運営する取り組みである。2021年度で全国に177か所設置されており、相談支援事業、キャリア・コンサルタント等による高校中退者等アウトリーチ事業、生活支援等継続支援事業などが実施されている。特に生活支援等継続支援事業では、高卒学歴や高卒相当の学力取得をめざす若者を対象に、定時制・通信制高校や大学入試検定試験に向けた学習支援や進路相談等を含む総合的・継続的援助を行うことがめざされている。

　そのほかに、直接就労へ結びつける支援として注目されるのが、通称「ジョブカフェ」といわれる事業である。正式名称は「若年者のためのワンストップサービスセンター」で、この名のとおり、若者が自分に合った仕事を見つけるための様々なサービスを１か所で受けられるというものであり、都道府

県単位で設置されている。ジョブカフェの中には、ハローワークに併設されているところもあり、お茶を飲みながらカフェにいるような雰囲気をベースに就職セミナーや職場体験、カウンセリングや職業相談、職業紹介などのサービスが提供される点が特徴となっている。さらにこうしたサービスが、NPO法人など民間団体によって展開されていることも、近年の特徴である。

(2) 企業内教育訓練の取り組み

　文字通り企業内部での教育職業訓練システムであり、企業が独自に展開している場合が多いため、外からは見えにくいものの、総じて年齢や経験、職格や職種に応じたプログラムが提供されている。基本的な形態・方法としては、職場環境や具体的な技術等に対応した能力開発を目的とする「On the Job Training」（OJT）と系統的な知識や情報の獲得を目的として個人的な学習会への参加なども含めた「Off the Job Training」（Off JT）とに分けられ、多くはこの両者を組み合わせる形で行われている。

　特にそこでは、上司などからの指示ではなく、自分で自らの課題を見つけ、その課題解決の方法も自ら追究するという、自己啓発の考え方が強調されている。その具体的な取り組みとして「QC（Quality Controlの略）サークル」などの例があげられるわけであるが、近年の新しい動きとして注目されるのが、社会貢献と幅の広い人材の育成をめざす取り組みである。

　まず、企業メセナによる芸術文化の普及があげられる。「メセナ」とは、芸術文化支援を意味するフランス語であり、その目的のもと1990年に企業メセナ協議会が設立され、様々な取り組みがされてきている。この協議会が出している「2021年度メセナ活動実態調査報告書」によると、メセナ活動の主たる分野は、音楽、美術、伝統芸能、演劇などとなっており、また活動で重視している点として「芸術文化全般の振興」と「地域文化の振興」が多くあげられているものの、「青少年への芸術文化教育」をあげる企業も少なくない。そしてこうした活動によって「地域において理解や振興が進んだ」、「地域や社会にプラスの変化が起きた」と回答している企業がそれぞれ6割近くに上ったことも特筆される。

　もうひとつの動きが、社員に対するボランティア活動などの支援であり、一般にボランティア休暇制度などと呼ばれる取り組みである。1990年に富士ゼ

ロックス社が「ソーシャルサービス休暇制度」という名称で、社員が長期にわたって仕事を離れてボランティア活動ができる制度を発足させたのがきっかけとなり、その後何らかの形でこうした制度をつくる企業は確実に増加していく。『CSR企業白書2022』（東洋経済新報社、2023年）によると、2020年度のボランティア休暇制度について、開示があった1,631社のうち具体的に制度がある企業は426社（26％）となっている。それを業種別で見ると、最も多いのが電気機器で、次に化学、以下機械、食料品、情報通信業などとなっているが、それに対して小売業やサービス業は相対的に少なくなっている。

　こうした企業の動きは、企業の社会貢献活動を促進するための部署を設置するところにもあらわれており、2021年の段階で専門部署があるのは全体の31.6％（380社）、兼任部署も49.2％（592社）で、合計すると全体の80％以上の会社で何らかの社会貢献活動が行われているのである。このような活動の特徴としてあげられるのが、企業それぞれの特色を生かした取り組みであり、例えばある自動車会社では、幼児向けの交通安全教室や社員が講師を務める科学工作教室などが行われている。また携帯電話会社では、安全な使い方や身近なトラブルへの対処法の啓発、電子機器メーカーによる子ども科学教育プログラムなど、多彩な活動が展開されている。

　あわせて、退職準備教育の取り組みも注目される。もともと1970年代の後半から米国などの例に倣って始められたとされ、退職を間近に控えた社員の退職後のいわゆる「第二の人生」をどう豊かに過ごすかという切実な課題に対応した取り組みとして広がってきている。

　こうした取り組みの中から、新たな企業のあり方、すなわち「ビッグカンパニー」から「グッドカンパニー」への転換とともに、そこで働く企業人像が見てとれる。それを、かつてある大手企業の企業文化課長は、「（企業の－引用者注）活動の拡大と深化のためには、社員一人一人の社会的意識の拡大と感性の向上が必要だとの認識」（「朝日新聞」1994年11月26日付夕刊）と表現していたが、そこからは、今日企業が求める人材のイメージが読みとれるだろう。

5 学校開放の取り組み

　本章の最初に強調したように、もともと生涯教育の理念が提起された時の
テーマは、学校中心主義からの脱却であり、教育の機会や機能を時間的・空
間的に分散しながら有機的にそれを統合していくというものであった。この
テーマから見て、学校の機能を社会に広げ、他の教育文化機関と連携協力し
ながら生涯学習支援の一機関としての役割を果たすことが、学校には必然的
に求められてくることになる。そうした認識にもとづいて、学校開放の取り
組みが主として高等教育機関から始まり、近年ではそれが初等・中等教育機
関に広がってきている点が特徴である。

(1) 大学開放の広がりと経緯

　大学を社会に広げていくという考え方は、いち早く国の政策文書にも反映
され、先に紹介した1981年の「生涯教育について」（中央教育審議会答申）
では、大学開放の課題が強調されていた。そこでは、大学の正規の教育課
程の開放を社会人入学、昼夜開講、通信教育、放送大学の充実・整備などで
行い、あわせてそれ以外の開放を聴講生や研究生、公開講座、大学開放セ
ンターなどで行うことで、多様な学習機会の提供をめざしていくとされてい
た。

　また、1987年の臨教審の最終答申では、より具体的な対応措置が明記され、
大学入学資格の弾力化や教育内容と方法の工夫に加え、社会人入学のための
定員確保や大学院の社会への開放にむけ夜間大学院やパートタイムスチュー
デント制などが提案されている。さらに1990年の中央教育審議会答申「生涯
学習の基盤整備について」では、大学と短期大学が、地域の学習需要を考慮
した体系的・継続的講座の開設と高等教育機関の学習機会に関する情報提
供・学習相談を行うことへの期待が表明されている。

　こうした流れを受けて、大学開放の取り組みが全国の大学で展開されるよ
うになり、各大学（短期大学を含む）においては、地域・社会における「知
の拠点」として、社会人入試、夜間・昼夜開講制、科目等履修生、通信教
育、さらには公開講座などが実施されていくのである。文科省の調査による
と、2019年度段階で社会人特別入学者選抜を行っている大学は短期大学を含

め549校あり、また社会人の通学上の利便のため夜間に授業を行う制度を導入している大学と大学院は、2018年度でそれぞれ42校，329校となっている。特に近年の顕著な傾向としてあげられるのは、社会人入学の流れが大学院に移ってきているという点である。すなわち、大学への社会人入学者数は、1998年度の5,228人がピークで、それ以降は減少しているのに対し、大学院への社会人入学者数は、その後専門職大学院等の設置もあって、確実に増加し、2018年度は修士課程、博士課程さらに専門職学位課程の在学者合計が60,935人となり、大学院の全入学者に対する社会人入学者の占める割合も約24％となっているのである。（文部科学省「平成30年度学校基本調査結果の概要」より）

　さらに文科省は、大学等でのリカレント教育を促進するとして2019年に学校教育法施行規則等の一部を改正して、単位累積加算制度の利用を進めるため履修証明プログラムに関わる学修の単位授与を可能にした。あわせて社会人の学びを主要な機能の一つと位置づけた新たな高等教育機関として2019年に専門職大学、専門職短期大学と専門職学科を制度化し、2022年度段階で、専門職大学15校、専門職短期大学3校などが設置されている。

　以上のような大学等で学んでいる社会人に履修目的を尋ねた2019年度の文科省の委託調査（「社会人の学び直しの実態把握に関する調査報告書」）によると、「資格を取得できること」（48％）、「学位や修了証を取得できること」（39％）に加え、「現在とは違う職場・仕事に就くための準備をすること（転職・副業等）」（44％）、「現在の職務を支える広い知見・視野を得ること」（40％）、「現在の職務に必要な基礎的な知識を得ること」（37％）、「現在の職務における専門知識を得ること」（34％）など、職業に関わることが多くを占めていることがうかがえる。（複数回答）

　公開講座についても多くの大学で実施されてきており、大学における教育・研究の成果を直接、地域住民などに提供するという点で大きな役割を担っている。公開講座のニーズも高く、文科省の調査（「開かれた大学づくりに関する調査」、令和4年）によると、2019年度では、新型コロナウイルス感染症の影響で中止となったケースも多い中にあっても、短期大学を含む898大学（全体の94％）で26,928講座が開講され、延べ98万2,041人が受講したということである。これを1大学当たりの平均受講者数で見てみると、大

学が1,189人、短期大学が362人となり、ここからは、各大学に多くの一般市民が受講者として参加している状況がうかがえる。とりわけ国立大学は、1大学平均2,402人と多く、その中でも地方の国立大学では、大学開放センターなどの専門の部局を設置して、地域と連携しながら地域課題に対応したテーマで系統的で実践的な講座を開催しているところが多いのが特徴となっている。

　一方、放送大学は、大学教育の機会を幅広く提供することを目的として1983年に創設され、1985年から放送を開始し、1998年からは全国放送となる。放送メディアによる通信制の大学であり、自宅等でテレビやラジオを通して大学教育の機会が得られるというのが最大の特長である。あわせて、都道府県に「学習センター」等を設置し、面接授業や学習相談等を通して学生の学習を直接的に支援するとともに、公開講演会の開催などを通じて地域の生涯学習の振興にも寄与するとされている。

　放送大学には、2020年度段階で学部、大学院あわせて約9万人余が学んでおり、これまで11万人を超える卒業生を出している。学生は、職業、年齢、地域を問わず多様であり、有職者率も約7割といわれている。また学部・大学院を合わせて300科目余が開設されていて、学生は目的に合わせて科目を自由に選択することができる。さらに教員の専修免許をはじめ、各種資格の取得もでき、「放送大学エキスパート」といった科目群履修認証制度などの実施によって、多様化・高度化する学習ニーズにも対応しているという。

　なお、最近の取り組みとして、一部の科目についてはインターネットによる配信もされるなど、大学教育へのユニバーサルアクセスをめざしていることが強調されている。

(2) 小・中・高校での取り組み

　小中学校の取り組みとしては、伝統的には学校の施設設備を地域に開放する形で進められてきたが、近年の特徴としていわゆる余裕教室の開放や授業における地域連携などの取り組みが広がってきていることがあげられる。特に余裕教室については、周知のように少子化の進行にともなって増加しているため、その有効活用が求められている中にあって、地域の人々の学習文化活動や文化財等の保存・展示の場、多目的スペースとしての利用に加え、高

齢者のデイサービスやサロン、学童保育などのような福祉事業にも使われている。それに加え、廃校になった校舎を地域の様々な活動の場、NPOも含めた民間団体や地域スポーツクラブ、自治会等の事務所として利用するという例も増えてきており、そうした点でコミュニティ施設としての機能を担っているといえるのである。

また地域との連携や協力という点では、「地域とともにある学校」という観点から地域で子どもたちの成長を支える活動に参画するための取り組みが必要だとして、文科省では、全国の公立学校に「学校運営協議会」、いわゆるコミュニティ・スクールの導入を目指している。そこでは、学校と保護者・地域住民等が協力して地域の人的・物的資源を活用しながら授業のほか様々な事業や行事等行うことが期待されているのである。ちなみに、2020年段階でコミュニティ・スクールを設置している学校数は9,788校となっており、そのうち小・中学校は8,681校、つまり小・中学校全体の30％余がコミュニティ・スクールを導入しているという。

さらに地域住民等と協力しながら、子どもたちに学習文化活動や体験活動などを提供する「放課後子ども教室」は、2020年で全国で1万8,000余教室実施されている。これは、2007年度から始まった事業で、子どもたちが地域で安全で安心して健やかに育まれることを目的に、文科省の「放課後子ども教室」と厚生労働省の「放課後児童健全育成事業（放課後児童クラブ・学童保育）」とが連携して実施するというものである。そこでは、放課後や週末等の子どもたちの遊びや生活の場を提供し、余裕教室などを活用して、そこに地域の人たちがボランティアとして参加しながら、学習やスポーツ・文化活動、地域との交流活動などの取り組みを行っている点が注目される。

一方、高校を中心に公開講座も実施されており、中には小学校で行われているところもある。例えば東京では、特別支援学校を含む全ての都立学校は公開講座を実施するという原則のもとで、それぞれの学校の特色を生かした講座が開講されており、そこでは、大きくリカレント型講座と地域的・現代的課題講座に分かれてプログラムが構成されている。前者については、都立高校での健康・スポーツ系、自然科学系、工業系、農業系、文学系、語学系、芸術・文化系、地理・歴史系、生活・家庭系、IT系、国際理解・異文化理解系などから、後者については、特別支援学校等での障害者本人講座やボラ

ンティア養成講座、そして家庭・地域の教育力向上などからなっていて、それぞれで多くの講座が開設されている。

6 新たな民間レベルの取り組み

　この間のボランティアや市民運動の流れの中で、新たな民間レベルの取り組みが注目されてきている。それがNPO（Non Profit Organization）やNGO（Non Governmental Organization）などである。特にNPOは、非営利の市民活動として社会的に注目される中、その活動への支援の必要性が高まり、NPOに法人格を付与する法律の制定へとつながっていくのである。それが、1998年に成立した特定非営利活動促進法（略称NPO法）であり、この法律にもとづいて社団法人の一種として都道府県または指定都市の認証を受けて設立されるのが、特定非営利活動法人（略称NPO法人）である。

　この法律においてNPO法人とは、「ボランティア活動をはじめとする市民が行う自由な社会貢献活動」を推進し、「不特定かつ多数のものの利益の増進に寄与することを目的」とした団体と定義されている。またここで規定されている特定非営利活動とは、保健・医療または福祉の増進、社会教育の推進、まちづくりの推進、学術・文化・芸術またはスポーツの振興、環境保全、災害救援活動、地域安全活動、人権の擁護または平和の推進、国際協力、男女共同参画社会の形成、子どもの健全育成、情報化社会の発展、科学技術の振興、経済活動の活性化、職業能力の開発または雇用機会の拡充、消費者の保護などに関わる取り組みをさす。

　ここからもわかるように、このような活動のほとんどがこれまで述べてきた生涯学習支援に関わる内容である。そのことは、現在NPO法人が５万団体を超えて広がってきている中で、活動分野の内訳を見ると表１－４のように、最も多いのが保健・医療・福祉の分野であるが、次に社会教育の分野となっている点などからもうかがえるだろう。そこから、団体としての具体的な活動、社会にコミットする実践の中に情報発信等を含めた市民への働きかけや学習の援助・組織者としてのNPOの役割が見てとれるのである。

　そうした点で今後の取り組みの発展が期待されるわけであるが、そこで問

われてきているのは、行政との協働をどう進めていくかということである。それは、生涯学習支援という社会的課題を共有化しながら、お互いの得意とする分野を出し合うという意味で、文字通り協働していくということであり、そのためには財政的な面も含め、行政からの支援や援助が求められているのである。

【表1－4】特定非営利活動法人の活動分野について（2022年9月30日現在）

特定非営利活動法人の定款に記載された活動分野を集計したものです。
（2022年9月30日までに認証を受けた50,538法人の定款から集計）

定款に記載された特定非営利活動の種類（複数回答）

号数	活動の種類	法人数
第1号	保健、医療又は福祉の増進を図る活動	29,520
第2号	社会教育の推進を図る活動	24,665
第3号	まちづくりの推進を図る活動	22,433
第4号	観光の振興を図る活動	3,420
第5号	農山漁村又は中山間地域の振興を図る活動	2,938
第6号	学術、文化、芸術又はスポーツの振興を図る活動	18,259
第7号	環境の保全を図る活動	13,171
第8号	災害救援活動	4,319
第9号	地域安全活動	6,313
第10号	人権の擁護又は平和の活動の推進を図る活動	8,899
第11号	国際協力の活動	9,211
第12号	男女共同参画社会の形成の促進を図る活動	4,833
第13号	子どもの健全育成を図る活動	24,393
第14号	情報化社会の発展を図る活動	5,600
第15号	科学技術の振興を図る活動	2,819
第16号	経済活動の活性化を図る活動	8,944
第17号	職業能力の開発又は雇用機会の拡充を支援する活動	12,847
第18号	消費者の保護を図る活動	2,888
第19号	前各号に掲げる活動を行う団体の運営又は活動に関する連絡、助言又は援助の活動	23,712
第20号	前各号で掲げる活動に準ずる活動として都道府県又は指定都市の条例で定める活動	318

注1）一つの法人が複数の活動分野の活動を行う場合があるため、合計は50,538法人にはならない。
注2）第14号から第18号までは、平成14年改正特定非営利活動促進法(平成14年法律第173号)施行日(平成15年5月1日)以降に申請して認証された分のみが対象。
注3）第4号、第5号及び第20号は、平成23年改正特定非営利活動促進法(平成23年法律第70号)施行日(平成24年4月1日)以降に申請して認証された分のみが対象。

（出典：内閣府ＮＰＯホームページ）

第5章　成人学習者の理解

1 成人の発達への着目

(1) 従来の発達観の転換

　生涯にわたる学習文化支援のあり方を考える時、学習者として想定される成人の心理社会的特徴を踏まえることが求められるわけであるが、そうした成人の特徴を、教育の前提となる発達の可能性を含んだ存在（発達可能態）としてとらえることが必要とされるのである。なぜなら、こうした発達の可能性がもし仮に失われたとすれば、もはや教育的働きかけの意味と役割はなくなってしまうからである。

　従来の発達観に立つ時、時間的な経過とともに人間の中に生得的に埋め込まれていた精神的・生理神経的・肉体的素質が徐々に発現していくという意味における発達（development）は、子ども期から青年期まででピークに達し、成人期以降はゆるやかに減退しながら高齢期には衰退し、やがては死をもって終了するというイメージが支配的であった。これをいわば発達のステレオタイプとすれば、生涯教育論の展開とともに、成人教育学と訳されるアンドラゴジー（andragogy）[15] の分野では、生涯発達論をベースにしながら成人の発達をとらえる知見が提起されてくるのである。生涯発達論の先駆的知見を提示したのはC.ユングであるといわれ、彼は成人期以降、つまり人生後半を衰退としてではなく、成長・発達のプロセスととらえ、それを人生前半の発達、つまり「第一の発達」に対して「第二の発達」と表現している[16]。

　これらの知見は、従来の発達観の転換を意味していた。すなわち、知的能

15　従来の教育学が、主に児童を対象としたペダゴジー（pedagogy）、つまり児童教育学であったという反省から、成人の特性をふまえた教育の新たな学問体系を表現する言葉として用いられるようになってきている。

16　麻生誠・堀薫夫編著『生涯学習と自己実現』放送大学教育振興会、2003年、p.47

力が成人期以降年齢とともに単純に低下するということではなく、とりわけ教育経験を反映した言語や概念などの能力は、60歳代位まではほぼ同水準で維持されるというものである。もちろんそこには前提条件が付されており、意欲や動機づけなどが決定的に重要であること、そしてそのための応答的な環境、つまり豊かなコミュニケーションの環境が必要であるということである。

(2) 生涯発達心理学の知見

　上述のような生涯発達論は、さらに生涯発達心理学の知見によって補完されてくる。そこでは、人間の学習能力はかなり長期にわたって維持されることが実証的に示されるわけであるが、その際の学習能力は、大きくは遺伝や中枢神経などに左右される知的能力としての「流動的知能」（例として、事象間の関係づけ、理由の発見、概念形成、短期記憶、情報処理など）と文化化や生活経験の結果蓄積され獲得した知的能力である「結晶化知能」（例として、言語能力、論理的説明能力、社会規範、判断能力、道具の使用能力など）とに分けられるとされる。そして成人期以降は、確かに前者の能力は加齢とともに徐々に減退していくが、それに対して後者の能力はその後も発達しながら長期にわたって維持されるというものである。

　そこでのポイントは、この両者の能力は別々に機能しているのではなく、相互に補いあう関係として機能する、つまり前者の能力の減退を補うように後者の能力が機能するという点である。例えば、短期記憶の能力の衰えを、頻繁にメモをとるなど、忘れないための様々な工夫によってカバーできることなどは経験的に知っているわけであるが、こうした独自の工夫そのものが新たな能力として獲得されたことを意味するのである。

　このように人間の知的能力や学習能力というものは、それを必要とするという環境や条件そして意欲によって支えられており、それゆえ生涯学習支援において求められるのは、そうした環境や条件づくりと学習意欲の喚起であるといっても過言ではないだろう。

2 心理社会的視点からの問題提起

(1) 発達課題という視点

　人間の発達は長期にわたって維持されるという視点に立って、学習文化支援を行っていく上で必要とされるのが、人間を心理社会的存在としてとらえてその発達のあり方を考えていくということ。つまり人間は、ある一定の社会の中に存在していて、その社会から様々な影響を受けながら心理的にも社会的にも成長・発達していくというとらえ方である。

　その代表的なもののひとつが、「発達課題論」（developmental tasks）という考え方である。米国の教育社会学者であるR.ハヴィガーストの理論がベースとなっており、表1-5のように基本的に社会が個々人に対して要請するライフステージ上の課題をクリアすることで発達が達成されるという知見である。これは、人間の生物学的・文化的・精神的側面を統合した発達のありようを表現した考え方であるとされ、一見すると経験的にわかりやすい内容となっている。そのためか、全国の自治体での生涯学習計画等において、このハヴィガーストの理論が援用されている例が多く見られる。

　確かに、社会がその年齢段階に応じて求める価値や行動様式を習得することで、発達課題をクリアして発達を成し遂げるという考え方は、教育の適時性という点から見て説得的であるように思われる。しかしながら、ライフステージにおける段階ごとの発達課題相互の関連が不明確で図式的であるという点や社会が要請する課題に対応するという意味において、状況適応的で規範的な面が強調されている点などについては問題として指摘されており、そのことについての留意が求められる。またハヴィガーストの理論が、1940年代の米国社会の価値観や規範を背景としている点にも注意が必要である。そのことを無視して、これを現在の日本の状況にそのまま当てはめようとするのは明らかに時代錯誤であり、同時に文化的相違を等閑視してしまうことになるからである。

【表１−５】ハヴィガーストのみる発達課題のリスト

（R. ハヴィガースト〈1995年〉より作成）

胎児期	諸器官をまったく生物学的に形成すること
幼児期	1　歩行の学習 2　固形の食物をとることの学習 3　話すことの学習 4　排泄の仕方を学ぶこと 5　性の相違を知り、性に対する慎しみを学ぶこと 6　生理的安定を得ること 7　社会や事物についての単純な概念を形成すること 8　両親や兄弟姉妹や他人と情緒的に結びつくこと 9　善悪を区別することの学習と良心を発達させること
児童期	1　普通の遊戯に必要な身体的技能の学習 2　成長する生活体としての自己に対する健全な態度を養うこと 3　友だちと仲よくすること 4　男子として、また女子としての社会的役割を学ぶこと 5　読み・書き・計算の基礎的能力を発達させること 6　日常生活に必要な概念を発達させること 7　良心・道徳性・価値判断の尺度を発達させること 8　人格の独立性を達成すること 9　社会の諸機関や諸集団に対する社会的態度を発達させること
青年期	1　同年齢の男女との洗練された新しい交際を学ぶこと 2　男性として、また女性としての社会的役割を学ぶこと 3　自分の身体の構造を理解し、身体を有効に使うこと 4　両親や他のおとなから情緒的に独立すること 5　経済的な独立について自信をもつこと 6　職業を選択し準備すること 7　結婚と家庭生活の準備をすること 8　市民として必要な知識と態度を発達させること 9　社会的に責任のある行動を求め、そしてそれをなしとげること 10　行動の指針としての価値や倫理の体系を学ぶこと
壮年初期	1　配偶者を選ぶこと 2　配偶者との生活を学ぶこと 3　第一子を家族に加えること 4　子どもを育てること 5　家庭を管理すること 6　職業に就くこと 7　市民的責任を負うこと 8　適した社会的集団を見つけること
中年期	1　おとなとしての市民的・社会的責任を達成すること 2　一定の経済的水準を築き、それを維持すること 3　十代の子どもたちが信頼できる幸福なおとなになれるよう助けること 4　おとなの余暇活動を充実すること 5　自分と配偶者とが人間として結びつくこと 6　中年期の生理的変化を受け入れ、それに適応すること 7　年老いた両親に適応すること
老年期	1　肉体的な力と健康の衰退に適応すること 2　隠退と収入の減少に適応すること 3　配偶者の死に適応すること 4　自分の年ごろの人びとと明るく親密な関係を結ぶこと 5　社会的・市民的義務を引き受けること 6　肉体的な生活を満足におくれるように準備すること

（出典：麻生誠・堀薫夫編著『生涯学習と自己実現』放送大学教育振興会、2002年、p.52）

（2）エリクソンのライフサイクル論が提起するもの

　それに対して、E.H.エリクソンが提唱した「ライフサイクル論」は、ライフステージにおける外界と内面世界との心理的葛藤が生じ、その中から次の段階の発達が準備されるという知見、つまり各ライフステージごとに求められる発達課題達成の失敗は発達の危機をもたらすが、同時にその克服の努力が次

の発達を促していくという動態的把握を通して発達の筋道を描き出そうとしている点で注目される。精神発達の漸成理論図と名づけられた図1－1においては、縦軸に乳児期から成熟期まで8段階のライフステージが提示され、横軸にはフロイトの理論を援用した生物的発達、発達において中心となる環境そして発達を促す人格的な力（virture）という3つの要素が措定されているわけであるが、ポイントは、この縦軸と横軸とを交差させることによって、それぞれのライフステージごとの発達の動態が主として対角線上に描かれるという点である。

【図1－1】エリクソンの精神発達の漸成理論図（epi=genetic chart）

（死へのレディネス）

	1 口唇期 oral	2 肛門期 anal	3 男根期 phallic	4 潜伏期 latent	5 性器期 genitality	6 成人期 adult	（7 成人期）—	8 老年期
VIII 成熟期								統合性 対 嫌悪・絶望
VII 成人期							生殖性 対 自己吸収	
VI 初期成人期					連帯感 対 社会的孤立	親密さ 対 孤立		
V 青年期	時間的展望 対 時間的展望の拡散	自己確信 対 自己意識過剰	役割実験 対 否定的同一性	達成期待 対 労働麻痺	アイデンティティ 対 アイデンティティ拡散	性的同一性 対 両性的拡散	指導性の分極化 対 権威の拡散	イデオロギーの分極化 対 理想の拡散
IV 学童期		↑		生産性 対 劣等感	労働アイデンティティ 対 アイデンティティ喪失			
III 遊戯期	（その後のあらわれ方）		主導性 対 罪悪感		遊戯アイデンティティ 対 アイデンティティ空想	←(それ以前のあらわれ方)		
II 早期幼児期		自律性 対 恥・疑惑			両極性 対 自閉			
I 乳児期	信頼 対 不信				一極性 対 早熟な自己分化			
社会的発達 ／ 生物的発達	1 口唇期 oral	2 肛門期 anal	3 男根期 phallic	4 潜伏期 latent	5 性器期 genitality	6 成人期 adult	（7 成人期）—	8 老年期
中心となる環境	母	両親	家族	近隣・学校	仲間・外集団	性愛・結婚	家政・伝統	人類・親族
virtue 徳	hope 希望	will 意志力	goal 目標	competency 適格性	fidelity 誠実	love 愛	care 世話	wisdom 英智

（出典：岩波講座『子どもの発達と教育』岩波書店、1979年、p.9）

　特にエリクソンの名を一躍有名にしたのが、青年期の発達の問題であった。すなわち、青年期は子ども期とは異なる新たなアイデンティティ形成が発達課題となるわけであるが、それに失敗するとアイデンティティ拡散という発達の危機に直面する。「対」（versus）として表現されるその内的な対立や葛

藤が、まさに次の成人期に向けた発達の準備を用意するがゆえに、青年期の発達にとって不可欠であるという認識がそこから読みとれるのである。

　その中でも、生涯発達の視点から注目されるのが、成人中期と高齢期の発達の問題である。成人期には、青年期の発達課題を達成することで次の発達課題が提起される。それが「生成力対停滞」（図1−1では「生殖性対自己吸収」となっている）という葛藤の中から生み出されるわけであるが、ここでいう「生成力」（generativity）とは、自分の子どもを産み育てるというだけではなく、次の世代である子ども・青年を教え育てるという意味であり、それに失敗すると「停滞」（stagnation）に陥る。つまり、自分だけの世界や関心に拘泥してしまうということを示唆しており、それゆえにまた、人格的な力として求められるのが「ケア」（care）となるのである。

　さらに高齢期の発達課題は、「統合性対嫌悪・絶望」という葛藤の中から達成されるという。つまり、それまでのライフステージごとに提起される発達課題をクリアすることで自我の統合というレベルに達することができるわけであるが、それに失敗すると自己嫌悪や絶望という内面的危機に陥る危険性があるというのが、高齢期の特徴であり、それゆえその葛藤を克服することで統合された人生へと至ることができる。すなわち、「自分の唯一の人生周期を、そうあらねばならなかったものとして、またどうしても取り替えを許さないものとして受け入れる」[17]というものである。そしてその際に求められる人格的な力が「英智」（wisdom）であるという点は示唆的であろう。

3 相互性の視点

　以上のようなエリクソンの発達に関する知見は、同時にもうひとつ重要な視点を内包している点も強調しなければならない。それが、「相互性」（mutuality）という概念である。つまり、発達とは社会的相互作用によってなされるということ、それは育てることによって育てられるという意味において、人間は相互関係の中でこそ成長・発達が促されるというものである。

17　E.H.エリクソン、仁科弥生訳『幼児期と社会』みすず書房、1977年、p.345

エリクソンがその視点として例示したのが、親と子どもとの関係である。そこでは、通常親が子どもを育てていると見えるわけであるが、その実、親は子どもによって育てられている、つまり親としての能力の発達が子どもによって促されているという視点である。それをエリクソンは次のように述べている。「親たちも子どもと共に成長していかなければならない。（中略）赤ん坊は家族から支配されると同時に、その家族をも支配し、育てている。事実、家族は赤ん坊によって育てられながら赤ん坊を育てていると言ってよい。」[18]（傍点引用者）

　親は、乳児という新しい存在の誕生によって、それ以前の生活のスタイルやパターンの変更を余儀なくされるわけであるが、エリクソンは、それを親と子の出会いによる「危機」と表現している。しかしながら、その「危機」は、同時に親と子の相互の発達を促すという。すなわち、その「危機」の中から親と子は、葛藤を含む相互調整によって新たな関係性をつくりあげることが必然的に求められ、そのことによって互いの発達がなしとげられるというものである。相互性とは、このような親と子の葛藤による危機的状況の中で、「関係の再構成への相互的な努力、そしてそのことを通してなされる双方の当事者の発達・自己形成の動態」[19]ということができるのである。

　とりわけ親と乳幼児という関係においては、圧倒的に親の力が大きく、その力によって子どもが育てられているように見えるわけであるが、このような両者の間に大きな力の差が存在する関係においてさえも、発達の相互性が存在していることを強調することによって、その視点の重要性と普遍性をエリクソンは説いていると理解することができるだろう。つまり、先の成人中期の発達の問題でいえば、次世代を教え育てる生成力を通して成人の発達が達成されるということは、発達そのものが同時に次の世代の発達によって支えられているという、相互的な関係にあることを意味しているのである。

　それゆえ、人間の発達を促す上で求められるのは、こうした相互関係が可能となるような環境づくりであり、そのことはそのまま学習文化支援のあり

18　同前、p.82
19　社会教育基礎理論研究会編『叢書生涯学習Ⅶ／成人性の発達』雄松堂出版、1989年、p.148

方の課題へとつながる。つまり、そのような相互性の視点に立って、人間の発達を支える学習文化支援が必要とされるのであり、それがまさに生涯学習支援の基本的な課題であるといえるのである。

4 生涯学習支援の課題

　以上述べてきたことをふまえ、あらためて生涯学習支援の課題を考える時、人々の生涯にわたっての学習を支援・援助していく、そしてそうした学習を社会に存在するフォーマル、ノンフォーマルそしてインフォーマルの、様々な教育機関や団体、活動とつなげていくことが求められるのである。そこにおいては、とりわけ生涯にわたる学習文化の享受という点で大きなハンディキャップを有する障害をもつ人や外国籍住民などへの取り組みは、福祉や保健・医療、国際交流などの行政施策や民間レベルの活動との連携・協力のもとに行われることが必要とされるし、学習の組織化という点からは、現代的課題として重要な環境問題や情報格差、男女共生、高齢化などの問題への取り組みが求められてくるだろう。

　そしてこのような取り組みは、学習の共同化を必然的に呼び起こすものとなる。なんとなれば、学習を通しての自己実現と課題の共有化が図られるからであり、それは、近年の学習論研究で注目されている「学習」を、個々人が知識や技能を習得するという個人的な営みとしてではなく、「実践共同体」（コミュニティ・オブ・プラクティス）への参加を通して役割意識の変化や過程そのものととらえるという知見とつながるものである[20]。

　こうした学習の共同の営みを支え、活性化していく上で大きな役割を果たすのが、第2部で述べられている社会教育である。それは、人々の学びをサポートしていくということとあわせて、学習を相互につなげ、ネットワーク化していくとともに、そのための条件整備の役割を担っているからである。そしてその際の基本的視点として問われるのが、学習権保障の視点であり、それを考える上で重要な示唆を与えてくれたのが、1985年のユネスコ成人教

20　J.レイヴ・E.ウェンガー、佐伯訳『状況に埋め込まれた学習』産業図書、1993年

育会議で採択された「ユネスコ学習権宣言」（巻末資料p.191参照）である。

　この宣言が「学習権とは、読み書きの権利であり、問い続け、深く考える権利であり、想像し、創造する権利であり、自分自身を読みとり、歴史をつづる権利であり、あらゆる教育の手だてを得る権利であり、個人的・集団的力量を発達させる権利である」と喝破する時、そこには学習という営みが「人間の生存にとって不可欠な手段」であるという認識が基本に据えられている。しかもここでいう学習は、既存の教育機会や内容を受容することだけを意味するものではなく、「自らの歴史をつくる主体にかえていく」機能を有するがゆえに、そのための条件整備の重要性を訴えているのである。

　そのような学習の条件整備のあり方を考える時、社会教育法第3条にある「環境を醸成する」という文言の積極的解釈が求められる。それはつまり、生涯にわたる学習保障のあり方を、先に述べた人々の共同の営みによる学習実践の自律的組織化の視点からとらえ、そのための具体的な援助、支援のあり方を追求していくということである。

参考文献

E.ジェルピ、前平泰志訳『生涯教育』東京創元社、1983年

碓井正久『生涯学習と地域教育計画』国土社、1994年

佐藤一子『生涯学習と社会参加』東京大学出版会、1998年

鈴木敏正『生涯学習の教育学』北樹出版、2004年

堀薫夫『生涯発達と生涯学習』ミネルヴァ書房、2010年

上杉孝實『生涯学習・社会教育の歴史的展開』松籟社、2011年

小林繁編著『地域福祉と生涯学習』現代書館、2012年

社会教育推進全国協議会編『社会教育・生涯学習ハンドブック（第9版）』エイデル研究所、2017年

小林繁・松田泰幸・『月刊社会教育』編集委員会編『障害をもつ人の生涯学習支援』旬報社、2021年

　文部科学省（以下、文科省）は、2016年12月24日に「文部科学省が所管する分野における障害者施策の意識改革と抜本的な拡充〜学校教育政策から『生涯学習』政策へ〜」という文書を出し、「従来の学校教育政策を中心とする障害者政策から一歩進めて、（中略）『障害者の自己実現を目指す生涯学習政策』を総合的に展開しなければならない。」として、それまで極めて不十分であった学校卒業後の障害をもつ人への学習文化支援の必要性に言及している。

　そして従来の文科省の障害をもつ人を対象とした施策は、特別支援教育に代表される学校教育の分野がほとんどであったがゆえに、「学校を卒業した後については、障害者雇用や障害福祉サービスによる就労支援、生活支援といった労働・福祉政策に委ねられてきた」が、障害をもつ人が学校卒業後の豊かなライフスタイルを送るには、就労と日常生活の場だけではなく、文化・スポーツを含めた「生涯学習の場」を忘れてはならないとして、「障害者の自己実現を目指す生涯学習政策」を総合的に展開していかなければならないことを強調している。

　つまり、いうまでもないことであるが、豊かな人生を送るためには、生活や就労の保障だけではなく、「学習、文化、スポーツといった生涯にわたる学習や体験の中から生き甲斐を見つけ、人と繋がっていくことが必要となってくる。」と結論づけている。その背景には、近年、学校卒業後および学校以外の場での学習文化保障が重要な課題であるとの認識が、特別支援教育および福祉の関係者の中にも着実に広がることによって、障害をもつ人の学習文化支援に対する関心や取り組みの機運が高まってきている状況があるとしている。

　こうした状況をふまえて、文科省は障害をもつ人への学習支援施策に着手する。その大きな契機となったと考えられるのが、2014年に批准された障害者権利条約である。なぜなら、その第24条で「あらゆる段階における障害者を包容する教育制度及び生涯学習を確保する」として、初等・中等教育だけでなく、「他の者と平等に高等教育一般、職業訓練、成人教育及び生涯学習の機会を与えられること」の必要性が謳われているからである。

　さらに第30条でも「他の者と平等に文化的な生活に参加する権利」として、文化的な作品および活動の享受、文化的な公演やサービスが行われる場所（例えば、劇場、博物館、映画館、図書館、観光サービス）へのアクセスを保障することやレクリエーション、余暇・スポーツ活動への参加を可能とするための具体的措置等が明示されているのである。

　このような権利条約の内容に対応する形で、文科省は2017年度以降、以下のような施策を実施してきている。

　それは、まず推進体制の整備とモデル事業の普及である。すなわち、障害をもつ人の生涯学習支援の体制づくりと障害をもつ人の学習を総合的に支援するための企画立案部門の

創設であり、教育、スポーツ、文化など従来個別に行われてきた取り組みを「生涯を見通した視点の下に、相互に関連しつつ企画立案し調整する」ため、2017年4月に生涯学習政策局生涯学習推進課に障害者学習支援推進室が設置（2018年10月の組織改正により、総合教育政策局男女共同参画共生社会学習・安全課に移管）される。

　同時に、2018年度からは「学校卒業後における障害者の学びの支援に関する実践研究」と題したモデル事業を行っている。それによって、これまでの全国各地で行われてきた障害者青年学級（教室）や大学での公開講座、青少年施設での事業、地域との連携による事業などの学習文化事業の普及をめざすとしている。これについては、障害をもつ人の学習文化支援のモデル事業を構築することを目的として、2020年度までに全国の都道府県および市町村の教育委員会、社会福祉・医療・NPO法人、大学、保護者の会など28団体・機関に委託されている。その中の１つである東京都国分寺市の公民館では、従来行われてきた「くぬぎ青年教室」の活動をバージョンアップする試みとして、「くぬぎカレッジ」が2年間にわたって実施され、そこから今後の障害者青年学級の発展につながるアイディアやモデルが提示されたことが特筆される。

　それに加え、2017年度から障害をもつ人の学習・文化・スポーツ等の支援に尽力している全国のグループや団体、機関（大学も含む）、個人を対象に、「障害者の生涯学習支援活動」に係る表彰制度を設けるとともに、2019年度からは「共に学び、生きる共生社会コンファレンス」を実施している。これは、先のモデル事業の成果や優れた実践事例を報告・交流する目的で、全国7ブロック（北海道、東北、関東甲信越、東海・北陸、近畿、中国・四国、九州・沖縄）で行われてきている。例えば、2020年2月に東京大学（本郷キャンパス）で開催された関東甲信越ブロックのコンファレンス（テーマは「障害理解の促進、障害者の学びの場の担い手の育成、生涯にわたる学びの場の拡大に向けて」）では、全体で約300人が参加して、シンポジウムとワークショップ、分科会等が行われた。

　私もコーディネーターとして関わった「社会教育が取り組む生涯学習支援」の分科会にも多くの参加者があり、東京都内における障害者青年学級（教室）の実践事例の報告を熱心に聞き入っていたのが印象的だった。そこに参加していた東北のある県の教育委員会の職員から、県内で青年学級を新たに立ち上げたいといった問い合わせもあり、そうしたことからも、このような取り組みのもつ意義を再認識させられたしだいである。

　今後、以上のような事業の成果が、全国各地の障害をもつ人の生涯学習支援の取り組みと活動のさらなる発展および新たな広がりにつながっていくことを期待したいと思う。

第2部
社会教育の基礎的理解

　近代以降、先進工業諸国では学校教育を中心に教育制度は発展してきた。日本でも教育といえば、学校教育を連想する人びとがいまだに多い。しかし、学校教育以外にも教育制度や教育実践は存在している。第2部では、学校教育が伸長する中で自覚されてきた「社会教育」について取り扱うことになる。

　ユネスコで「生涯教育」が提唱され、日本で「生涯学習」が政策課題として浮上するようになって、社会教育は学校教育と並ぶ教育領域としてその存在意義に関心が集まるようになってきた。しかしながら社会教育は、そのカバーする領域の広さもさることながら、これまで諸説が混在し、必ずしも自明な概念ではなかった。社会教育はいまなお変化・発展の中に置かれている。

　翻って、実はこの点にこそ社会教育を学ぶ意義とポイントがあるともいえる。社会教育は一部の専門家や行政官だけで進められる教育ではなく、子どもからおとなまで人びとが、学校、職場、地域など、それぞれの持ち場で「学びあうコミュニティ」を見出し、そこに自由に参加しながら、ともに創り上げていくものとしてとらえなおすことが期待されているからである。他方で、「生涯学習」は、その歴史的な浅さから、既存の社会教育の制度と実践に依存せざるを得ないのが現状である。この点から、社会教育の理解を通して「生涯学習」そのものをより厚くしていくことにする。

（片岡　了）

第6章 社会教育の概念

1 「社会教育」という用語

　日本は明治期に入って近代化を進めるなかで、多くの翻訳語を創り出しそれを学術用語として採り入れてきた。こうした経緯のもとで「社会教育」という言葉も、英語societyの訳語「社会」と、同じくeducationの訳語「教育」を組み合わせた造語として生まれ、その概念自体も日本独自な発展を歩んできた。現代の社会教育は、学齢期前の子どもから高齢者までほぼすべての年齢層を対象としているため、生涯学習がそうであるように、まさに全年齢層が参加する教育である。

　英米圏では、学齢期を過ぎたおとなが参加する教育として「成人教育」（adult education）があり、19世紀以来の長い伝統を有している。他方、おとなを対象とする教育として社会教育が一般に広がるのは20世紀に入ってからであった。逆に、社会教育を海外に向けて翻訳する際にどう伝えるかは工夫が求められた。英語圏ではこれに直接に当てはまる用語・概念は存在しないとされてきたが[1]、非英米圏にはこれに相当する用語が見られ、今後に比較、検討が待たれる[2]。

　今日、社会教育とは何かをめぐっては、人びとのコミュニケーションと行動範囲が広がり、かつてより社会構造も複雑化・高度化していることや、そうした社会で生きるために学ぶ機会が増え、学ぶ方法も多様化していることなどから、その概念も多様な側面から理解されるようになってきている。とりわけ今日の社会教育は、社会制度の一環として教育法制度上の学校教育と並ぶ重要な教育の分野に位置づけられ、国や地方自治体が振興する社会教育の範疇と重なるところから、まず、法概念における社会教育を取り上げる。

1　小川利夫・倉内史郎編『社会教育講義』明治図書、1964年、p.11

2　大串隆吉『社会教育入門』有信堂、2008年、pp.3-11

2 法概念における社会教育：領域的概念

　国や地方自治体が社会教育を振興する際の制度的根拠となる社会教育法（1949年制定）では、社会教育を「学校教育法に基づき、学校の教育課程として行われる教育活動を除き、主として青少年及び成人に対して行われる組織的な教育活動（体育及びレクリエーションの活動を含む。）」（第2条）と定義している。ここに示された社会教育の概念は、①教育の中でも法定上の学校教育を除いた領域を社会教育に当てていること、②子どもからおとなまでの学習者を対象としていること、③教育活動として組織的に取り組まれるものであること、④体育やレクリエーションなど身体的活動も含まれることなどが特徴として挙げられる。

　この条文でいう「組織的な教育活動」とは、具体的には、公民館・図書館・博物館等の社会教育施設での教育活動、学校施設を利用した教育活動、社会教育関係団体が行う教育活動など、目的や計画を有する教育活動が想定されている。したがって、法制度上に見る社会教育は、正規の学校教育を除けば、社会のかなり広範囲な領域において、子どもからおとな（高齢者を含む）に至るまで、また活動的な学習を含めての公的な援助を受けて営まれる教育活動を指すものと理解される。

　他方、社会教育法の上位法である教育基本法（2006年改正）では、「社会において行われる教育は、国及び地方公共団体によって奨励されなければならない」（第12条第1項）と規定している。この条文でいう「社会において行われる教育」とは、社会教育法に規定されたものよりより広く社会教育の概念をとらえ、学校教育（同法第6条）と家庭教育（同法第10条）を除いて、地域や職場など社会一般で行われる教育を社会教育としている。

　日本では、教育が行われる場として、家庭教育、学校教育、社会教育の3つに区分されて理解されることが多い。この点から見て、社会教育法では、学校教育と学校以外の教育の二分法から社会教育の領域が規定される一方、教育基本法では学校教育と家庭教育に並んで社会一般の教育を社会教育と呼んで三分法で構成されてきた。このように法概念において社会教育のとらえ方は必ずしも一致しているわけではなかったが、法律が及ぶ範囲を規定する社会教育のとらえ方を「領域的概念」ということができる。

3 社会的機能としての社会教育：機能的概念

　ふだんの生活の中で人間が社会や文化、自然などの環境に働きかけたり、逆に環境から影響を受けたりしながら環境との間に相互作用が働いて、人間の成長発達が促される。人びとが社会や文化、自然に触れながら社会化していく中で成長発達を遂げている側面をとらえ、社会的慣習や文化的行事など生活共同体や社会組織のあり方に付随して未分化的に展開する人間の総体的な形成的過程を指して社会教育ととらえる見方がある。もともと共同体の生活過程に備わる社会的形成作用を教育機能として認めるような社会教育のとらえ方を「機能的概念」ということができる。このような共同体の機能である社会教育が土台となって家庭の教育や学校の教育が成り立っていると考えるのである。

　海後宗臣（1901-1987）の教育学説[3]では、教育を「陶冶（とうや）」、「教化」、「形成」の３つに分類している。まず「陶冶」は、教師の指導のもとに教科内容である知識や技能の習得を通して人間の精神的諸能力の形成を図る営みを指す。学校の授業を通して行われる教育を典型とする。次に「教化」は、たとえ強制がなくとも道徳的・思想的な影響を与えて人を望ましい方向に教え導く営みを指す。直接に他人から指導を受けることがなくても、教育・文化施設において講演会や展示資料を通して啓発を受けたり学び得たりすることがある。そして「形成」は、家庭や職場や地域などふだんの暮らしの場で、交遊や交際など人間関係を通して営まれる最も広い意味の教育の営みを指す。このような分類から、教育には、目的や方法などが明確で意図的なものからほとんど意図せざる偶発的なものまであると見ることができる。

　他方、宮原誠一（1909-1979）の教育学説[4]では、人間の成長発達の過程には、４つの要因が作用するとして、①社会的環境、②自然的環境、③個人の生得的性質、④教育、を挙げている。そのうち前三者を自然発生的な営みである「形成」ととらえている。人間は社会的かつ自然的環境からの影響を受けながら時間的経過のもとに各人の生得的資質を成長発達させていけばよかったが、社会構造が複雑化・高度化するにつれて社会生活や労働形態も大

---

3 海後宗臣『改訂教育編成論』誠文堂新光社、1952年参照

4 宮原誠一『宮原誠一教育論集　第一巻』国土社、1977年参照

きく変貌し、社会への適応・不適応という問題に人類が直面するに至った現代では、人びとが形成過程で望ましい価値や情報だけを環境から受けとり成長発達していくことは困難となってきている。このような現代社会で真偽の混在する価値や情報に晒されながらも、人びとが人権や平和などの文化的価値に学び、葛藤し判断力を養うことができる教育環境が必要になっている。この点で、宮原は、こうした「形成」に潜む負の側面からの影響を目的意識的に制御していく営みとして「教育」をとらえ、学校教育とともに社会教育の「教育」に積極的な意味を見出そうとした。

　このように、海後説にしろ、宮原説にしろ、共同体や組織における共同生活を通して人間の成長発達に働きかける社会的作用に注目し、共同体に備わる社会的機能である「形成」を教育学説に位置づけたのだった。とくに宮原の場合は「教育の原形態」と呼んで共同体が有する社会教育的側面に一定の評価を示している。

　実際に行われている場面に則して社会教育を見ると、図書館や博物館等の社会教育施設では、基本的に利用者が自主的に学習活動を進められるように、学習支援者が工夫をして効果的に図書を配架したり資料を展示したり環境を整えて側面からの支援がなされている。これに対して、同じ社会教育施設の公民館では、地域住民の団体・サークルなどの集団内で互いに学びあい育ちあう関係を創り出し、それを援助するところに特徴が見られる。

　また、教師－生徒関係が前提の定型（フォーマル）教育としての学校教育に比べて、多様な方法を用いながら柔軟に展開する社会教育の特徴は、不定型（ノンフォーマル）教育であったり、非定形（インフォーマル）教育であったりする。第3部で見るように、それは主に学習主体である成人の特性に応じたものなのである。

4 歴史的範疇としての社会教育：本質的概念

　戦後の新しい教育改革の理念に立って、海外からの知見をもとに、社会教育の本質や機能について原理的・歴史的に究明することに着手したのが宮原誠一であった。宮原は今日の社会教育の本質を、単に学校という特別な教育

機関によらない教育活動として人びとの社会生活とともにある「教育の原形態」としてとらえるのでは、非歴史的であると戦前までの社会教育学説を批判し、近代以降に成立した学校制度との関わりにおいて、現在どのような発達形態の段階に社会教育が存在しているのかを理解するという点から、歴史的範疇として社会教育をとらえることを目指し、社会教育の歴史的発達形態の類型化を試みた[5]。このような社会教育のとらえ方を「本質的概念」と呼ぶことにする。

　そして宮原は、歴史的観点から社会教育の発達形態を、①学校教育の補足として、②学校教育の拡張として、③学校教育以外の教育要求として、の3つに分類した。まず、「学校教育の補足として」社会教育が発達した社会的要因には、学校教育の限界、支配層の青少年指導への注目、新教育の思潮による児童の生活への関心などが挙げられ、児童の校外生活指導の機関として児童組織（少年団・少女団、子ども会、日曜学校）、児童施設（児童図書館、児童博物館、児童館、児童遊園など）、児童文化（児童読物、児童演劇、児童映画など）を発展させたとしている。

　日本では戦前より、成人や勤労青年だけでなく、在学中の子ども・児童（在学青少年）が社会教育に参加している。この点が欧米の成人教育とは大きく異なる。1970年代以降、子どものピアノ教室やスポーツ教室などの習い事や親子文庫や親子劇場などの地域文化活動が盛んになり、社会教育が学校の補足ではなく学校の代替的な役割を果たしている面も見られ、また子どもの体験活動の機会が減少したり不登校児が増加したりする中で、在学青少年に向けての「学校外教育」[6]が独自の役割を担ってきている。

　次に「学校教育の拡張として」社会教育が発達した社会的要因としては、19世紀末から労働運動から出された教育の機会均等の要求の高まりのもとで、高等教育の民衆への開放が要求され、大学拡張講座の開設に至ったとしている。しかも講座の主催者は大学側と民間団体のどちらかであったという。日本では長野県を中心として行われた自由大学運動の貴重な実践以外にはとくに見当たらず、戦後になって通信教育、成人学級など本格的な学校拡

---

5 宮原誠一「社会教育の本質」『宮原誠一教育論集　第二巻』国土社、1977年、pp.7-31
6 たとえば、田中治彦『学校外教育論』晃陽書房、1988年など参照

第6章　社会教育の概念　69

張が始まったとしている。確かに現在では多くの大学等で、社会人向けに公開講座を開催したり、大学の付属機関としての生涯学習研究センターやエクステンションセンターを置いて連続講座を開設したり、交通の便のよい駅前などのサテライト校舎に夜間部を設けて人文教養講座や資格取得情報を提供するようになってきた。少子化や高齢化、国際化に対応した新たな大学経営方針の転換や組織の再編に伴ってのものが多い。

　さらに「学校教育以外の教育要求として」社会教育が発展をみせた要因には、学齢期を終えた社会人が職業生活を送る上で生じた独自な教育的要求があり、そのもとに行われる教育であるとし、現職教育、余暇善用、精神指導、生活改善、青年運動、労働者教育の6つを挙げている。欧米では、比較的に職業技術や能力の向上を目指して職業教育や労働大学・労働学校での労働者教育が成人教育の中心になるのに対し、日本では戦前に、余暇善用や精神指導が説かれ、戦後は生活改善や青年運動が社会教育の活動を占めたが、高度成長期以降は趣味・教養活動が多く見られるようになっている。そしてこのような3つの発達形態の社会教育を支えた条件が、デモクラシー（民主主義）とテクノロジー（科学技術）の発展であるとした。

　大正期には教育の機会均等を求める声が社会に高まり、社会教育行政が生まれるとともに、農民や労働者が要求した自由大学や労働学校が生まれた。また、ほぼ同じ時期にラジオや映画が大衆化しはじめ、メディアを通して社会教育の機会が広がりを見せた。社会教育は、民主主義の思想的水準の上昇にともなって「民衆の下からの要求」として発展したが、その一方で、民主主義的自覚に対する支配階級層の「上からの対応策」としても展開したと認識し、「この下からの要求と上からの要求とが合流して混じりあっている」という歴史的な見方をもとに、社会教育の目的を、国民が政策に対する正確な判断能力を養うこと（政治上の民主主義）、そのために教育機関を公共的に整備していくこと（社会上の民主主義）、そして国民一人ひとりが「自分にかかわりのあることがらの決定には自分が参加する生活方法」（生活方法としての民主主義）を獲得し、生活の不断の改造をはかることを目指すとした。

5 海外に見る社会教育の類似概念

　現代社会において学校教育が閉塞状態に陥り困難を抱え込むようになって、先述した人間形成の視点に立って、あるいは「教育の原形態としての社会教育」の理解に立ち戻って、社会教育を広くとらえようとする動きも見られる。また、教育がグローバル化するなかで、比較教育的な観点から社会教育の概念を見直す傾向もある。

　国際的に見ると、社会教育に類似した用語として挙げられるのは「成人教育」(adult education) である。これ以外にも「民衆教育」(popular education)、「継続教育」(continuing education, further education)、「生涯教育」(life-long integrated education)、「リカレント教育」(recurrent education)、「アンドラゴジー」(andragogy)、「不定形型教育」(non-formal adult education)、「社会文化教育」(socio-cultural education)、「生涯学習」(life-long education)、「コミュニティ教育」(community education) など参照すべき類似の概念が多数見られる。これまで社会教育としてはあまり取り上げられてこなかった「職業教育」(vocational education) も付け加えられる[7]。

　また、同一の用語であってもそれぞれの国の教育の文化や制度のあり方によって異なり、また同じ国で使われる同一の用語にあっても時代や分野によって変化が見られたりする。たとえば、「成人教育」を見ると、イギリスの伝統的用法では一般教養的な教育を指し、職業技術教育は「継続教育」と呼ばれる傾向が強いのに対して、アメリカでは成人教育に職業技術的な教育も含まれる。他方、日本の社会教育を海外に紹介する際に直訳し「social education」としてもその意味するものは異なり伝わり難いとされてきた。日本の「社会教育」それ自体も歴史的に用語自体が入れ替わり、同じ用語であっても戦前と戦後とでは意味合いが変化してきているということもある。社会教育とは何を指すのかということは、海外の類似概念との比較原理的に見たり、歴史文化的に考えたりしながら多様なアプローチから日本の「社会教育」(syakai kyouiku) をとらえなおしていくことが求められる。

7　P. フェデリーギ編、佐藤一子・三輪建二監訳『国際生涯学習キーワード事典』東洋館出版社、2001年参照

さらに、戦前からアジアの国々では「社会教育」という言葉が広がり、近年は法律にもその規定が見られるようになった。とりわけ韓国では、戦後から1980年代まで社会教育政策が展開し、1982年に「社会教育法」を制定するに至った。しかし、1999年に全部改正し、「平生教育法」を制定することになる。その政策の特徴を見ると[8]、1950年代までの社会教育は「国民基礎教育強化型」であり、1960年代には「農村地域社会開発型」や「人材養成型」、「学校教育補完型」の社会教育であったとされ、1970年代以降は「セマウル教育」「農業技術訓練」「学校教育補完型」の社会教育であったという。1980年代の社会教育の発展期になると、「余暇善用及び教養増進型」「市民意識涵養型」「人材養成型」の3つに特徴づけられる社会教育であったとされる。

　なお、日本の社会教育主事に当たる専門職制度に関しては、1982年の韓国・社会教育法に「社会教育専門要員」の規定があったが、1999年に制定された平生教育法では「平生教育士」制度として整備されている。平生教育法の定義では、「『平生教育』とは学校の正規教育課程を除いた学力補完教育、成人基礎・文解教育、職業能力向上教育、人文教養教育、文化芸術教育、市民参加教育等を含むすべての形態の組織的な教育活動を示す」とする。今後、文化交流の長い歴史を有する韓国の平生教育とも比較しながら社会教育の概念をより深めていくことが課題であろう。

6 社会教育の特質と意義

　社会教育とは何かを理解するに当たっては、法律上の定義によるとらえ方（領域的概念）、社会的機能をめぐる理解（機能的概念）、歴史的な観点からの理解（本質的概念）がこれまで究明され、国際的な比較などの課題を残してはいるが、さまざまな方法的アプローチや立場からの検討がなされてきた。社会教育が多義的にとらえられるのは、実践的性格が強く常に社会的文脈に

8　梁炳贊・金侖貞「韓国の社会教育・平生教育をどう理解するか」梁炳贊・李正連・小田切督剛・金侖貞編著『躍動する韓国の社会教育・生涯学習―市民・地域・学び』エイデル研究所、2017年、pp.4-7

依存した営みだからという面も考慮に入れておく必要があるかもしれない。

　そうした中で生涯学習の理解と進展に伴って見えてきた観点の一つは、社会教育は学校教育のように社会人になる前の成長期の子どものみを対象とするものではなく、ある程度身体的成長を遂げたおとなを主体とした生涯にわたって発達を促したり支えたりする教育のあり方を指すものでもあるということである。見方をかえれば、それは学校で行われる教育以外にも、社会において教育というものが存在しているということを示すものである。さらに、そのような既存の学校様式と異なるおとなの教育のあり方は、各国の教育制度とその歴史的な変遷が物語るように、国や時代によってまったく同じというわけではなく、むしろ国や時代にあって多様な現れ方をしながら変化していくものであるということである。

　その点を踏まえて、社会教育の特質を述べると、広く社会において人びとが自分自身を育て主体形成に向かう（成長発達する）プロセスにかかわる営み、ということになるだろう。私たちには日々の暮らしがある。その暮らし向きを楽にしたい、人生を豊かに生きたいと望んでいる人ならば、自らの暮らしや人生を豊かに切り拓いていく智恵や力量を社会のなかで創り出したり獲得したりしていく営みであり、また、社会の厳しい現実に直面している人ならば、地域や職場との関わりのなかで、困難と向き合い問題の解決に取り組み、学習活動を通してそれを乗り越えていく営みである。社会教育とは、一人ひとりかけがえのない人生をいかに生きるかという切実な問いかけに対して個々の学習活動や集団的な学びあいへの援助を通して応えていく営みを指すものである。

　こうした学びの展開とその援助のプロセスのなかで、人間の自由と尊厳を確立すること、不平等や貧困を是正し平和や人権を実現すること、互いの個性の違いを認めあい共に生きられる社会の構築に向けて協力しあう関係を創り出すことなどを追求していくことが期待されている。最初は一人ひとりの思いや問いから出発することが多いため、一見して学習活動は、個人の私的な営みのように見えながらも、学びあいを通して問いを深めていくうちに、実は一人ひとりの思いや問いの根底には共通する社会的歴史的要因が隠れている場合も多く、成人の教育・学習活動への公共的な援助体制の確立が求められてきたことも社会教育の存在理由の一つとなっている。そのことを社会

教育の具体的な取り組み場面で見ていくことにしたい。

　社会教育として取り組む活動の範囲は広く、身近な生活に関わる知識や技能の習得、芸術やスポーツを通した仲間づくり、ボランティア活動や地域課題の解決に向けた市民活動など、日々の暮らしと近隣社会でのさまざまな取り組みを通して行われる多様な学習活動が存在している。また、そのような地域住民の自主的な学習活動を側面から援助してきた社会教育行政・職員の取り組みにおいても、長期的、短期的な社会教育計画の作成、公民館や図書館等の社会教育施設の設置と運営管理、講座や学級等の社会教育事業の企画と実施、資料の作成と提供・配布、社会教育団体や学習グループの支援と育成、社会教育の指導者やスタッフの養成、等々の多岐にわたる仕事が存在する。

　今日の公民館が創設された戦後初期のころは、各地方では農業従事者がまだ多く、職住が近接するなかで身近にある公民館を会場に、産業に関わる講習会等が開催されていた。地域や家庭に民主的な人間関係を広げるために、生活改善や公明選挙に取り組む事業も活発に行われた。義務教育を終えたばかりの勤労青少年のための青年学級や職業教育が開催されていた。しかし高度経済成長期を過ぎ、地域社会が大きく変貌してきたなかで、現在、過疎化や高齢化をめぐる地域課題に直面している地域社会が少なくない。そのため高齢者の生きがいや仲間づくりを支える事業、環境の改善や福祉の充実を求める事業、地域課題の解決に向けて学びあう事業、子育て支援や学校支援に関する事業へと事業内容が移り変わってきている。

　このような時代において社会教育に期待されていることは何であろうか。多様なコミュニティにおいて、一人ひとりの自己実現に向けた学びを支援すること、生活上で生じる困難や課題の解決に向けて協力すること、子どもとおとなが共に育つ地域の教育力を高めること、地方自治を可能にする住民自治能力を築く学びあいの場を地域や社会に広げることなどの諸課題と向きあうことではないか。そのために持続的に「学びあうコミュニティ」に参加することが肝要である。

第7章　社会教育の歴史

1　明治・大正期における社会教育の生成

（1）明治期における「通俗教育」の登場

　明治維新により成立した明治政府は、近代国家の体制を整えるとともに産業振興に努め、欧米の制度や文化を積極的に取り入れようと急激な文明開化を進めた。1871年に文部省を創設、博物局を設置して博覧会の準備を始め、翌72年には湯島聖堂大成殿の文部省博物館の陳列場に、古美術、古道具、博物標本など約620点を展示して博覧会を開催した[9]。また同年に「学制」を発布し、その序文「被仰出書」に「邑ニ不学ノ戸ナク家ニ不学ノ人ナカラシメンコトヲ期ス」ことを掲げ、すべての人・あらゆる家々に就学が奨められ、わが国の近代公教育制度が始まった。

　他方で、1872年8月に文部省は湯島・旧昌平坂学問所講堂に書籍館を開館させた。1887年には文部大輔・田中不二麻呂により地方公立書籍館の設置を奨励する通達「公立書籍館ノ設置ヲ要ス」が出されると、師範学校等に書籍館が附設され、無料制が採用された[10]。明治初期に政策上に社会教育の言葉こそまだ見られはしなかったが、欧化政策の下で近代学校と並んで近代博物館・図書館の創設がなされた。

　「社会教育」という言葉が使われるようになるのは、早くとも明治10年代に入ってからであった[11]。しかしながら、文明開化に呼応した自由民権運動が広がる中、学習結社を中心に集まった青年たちによる講談会や討論会、演

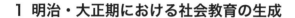

9　原田佳子「博物館の歴史」、全国大学博物館学講座協議会西日本部会編『概説博物館学』芙蓉書房出版、2002年、p.34

10　小川徹・山口源治郎『図書館史―近代日本篇』教育史料出版会、1998年、pp.25-38

11　佐藤三三「社会教育は、なぜ『社会教育』と命名されたのか」『佐藤三三先生退職記念論文集』路上社、2012年、pp.1-36

説会、輪読会などが盛んに開催され、自主的な学習活動を全国各地に広めていく[12]。

　一方、こうした動きに反発を示す国粋派が台頭し、政府は神官や僧侶を「教導職」に任命し大教宣布運動が起こされ復古神道に基づく教化活動が行われた。この運動は十分に展開されなかったが、1890年に「教育勅語」が渙発されると、学校教育と並んで通俗教育を推進していく理念となって復活した。この間、1886年に文部省は官制を定め、翌年に「通俗教育等ニ関スル事務」を公表し、通俗教育政策が始まった。教育勅語体制を背景に文明開化の施設推進策を転換し、教化団体や青年団の育成に重点を置き始めていった。1893年には、中堅技術者の養成を目指して働く青少年を対象に実業補習学校が創設されている。これは小学校教育の補習と職業に要する簡易な知識・技能を授けることを目的に、3カ年以内を年限とし、日曜や夜間の授業形態も認めて青少年の実情に合わせて柔軟な運営がなされた。1907年までに4,634校が設置され、1912年には5,739校に達した[13]。

　このような教育制度が整備されるにしたがい、青年期の教育が二重に形成され始める。社会上層に位置する一部の青年たちは中学校へと進学する機会が与えられ、学校階梯を上昇していくことになるが、他方でそうでない青年たちは実業補習学校へ通うことになり卒業生の多くが地域に留まり農業等に従事し、進学への途は閉ざされていた。当時小学校教師であった山本滝之助（1873-1931）は『田舎青年』（1896年）を著して、農村の小学校を卒業して社会に出た青年たちが鬱屈して生きている状況を描き、世間に複線型の学校教育制度のもとに「二種類の青年」が生まれていることを指摘した。彼らが自信をもって生きられるような青年団体を作ることの必要性を説いて、各地で自主的に青年会や夜学会が開かれるようになった。

　政府は山本の主張や日露戦争時の銃後活動に着目し、1905年文部省は「地方青年団体向上発達ニ関スル件」を地方長官に通達し、青年団の設置奨励に乗り出した。このように通俗教育政策の下で教化団体の助成や青年団体の改造を意図して政府は団体育成に着手するようになると、青年団体は国家主義

12　藤田秀雄『社会教育の歴史と課題』学苑社、1979年、pp.15-27

13　日本近代教育史事典編集委員会編『日本近代教育史事典』平凡社、1971年、p.470

的な時代風潮のなかでしだいに官製化の傾向を強めていった。

（2）大正期における社会教育の展開

　1911年、大逆事件を契機として思想健全化を目的に、政府は社会教育の普及に関心をもつ小松原文相のもとで文芸委員会と並んで通俗調査委員会を設置し、通俗図書、幻灯・活動写真、通俗講演の三部会を設けて調査と施設に当たらせた。しかし、実際は復古的な徳育主義による国民道徳の向上がねらいであった[14]。また、同年に普通学務局長通牒「通俗教育ニ関シ普通教育奨励費使用ノ場合準拠事項」が各地方長官宛に出され、通俗教育は学校教育の施設以外で国民に対して「通俗平易ナ方法ニ寄リ教育ヲ行フモノ」という定義づけが定着した[15]。

　大正期に入った1917年には、第1次世界大戦後の教育改革方策を求めて内閣直属の教育諮問機関である臨時教育会議が設置されると、通俗教育の改善について11項目の答申が提出された。社会教育行政機構の整備として通俗教育の担い手の養成とともに、出版物、図書館・博物館、講演会、活動写真その他多様な社会教育活動を奨励する一方で、それらの改善・取締りにもいっそう力を入れた。

　この答申を受けて、1919年に文部省は普通学務局に通俗教育を主管した第四課を新設した。事務分掌は通俗教育、図書館及び博物館、盲唖教育及び特殊教育、青年団、教育会に関することであった。同年に府県段階に、翌20年に大都市段階に社会教育主事を配置するとともに、1921年に文部省は官制改正を行い、通俗教育に代えて「社会教育」という用語を使用し社会教育行政を整備した。1924年には、文部省に社会教育課を創設し初代課長に乗杉嘉壽が就いた。同課では図書館及び博物館、青少年団体及び処女会、成人教育、特殊教育、民衆娯楽の改善、通俗図書認定、社会教育に関することを取り扱った。1925年、勅令により地方社会教育職員制を定め、地方費負担による専任社会教育主事60人以内、同主事補110人以内を置くことにした[16]。この

14　倉内史郎『明治末期社会教育観の研究（日本教育史基本文献・史料叢書18）』大空社、1992年、pp.48-59（『野間教育研究所紀要第20集』1961年刊、復刻版）

15　松田武雄『近代日本社会教育の成立』九州大学出版会、2004年、p.93

時代には、青年修養の場として青年団が全国各地で創設され、女子青年団や少年団も創設された。1926年には、16〜20歳までの青年を対象に軍事訓練を主体にした青年訓練所が設けられた。

　大正時代になると、大正デモクラシーの影響を受けて自由な論調や気風が社会に広がり、一時期ではあるが、民衆を主体にして自主的な成人教育運動が起きた。1917年、信濃木崎夏期大学を手始めに各地で成人教育講座や公民教育講座が、文部省の委嘱を受けた直轄学校・大学等の主催で実施され、1938年ごろまで続けられた。この講座開設に伴い青年教育・成人教育指導者講習会等も開設された。

　こうした大学拡張講座の傾向に、文明批評家の土田杏村は文部省主導の御用学問的・天降り的性格を批判し、民衆による成人教育講座を実践するために農村に暮らす民衆とともに1921年、自由大学運動を起こした。

　労働学校に関しては、1912年、鈴木文治が結成した友愛会労働者の教育を重視した。友愛会では、労働問題講演会、労働問題研究会、東京労働組合研究会を開いて、労働組合幹部を含めて労働者の教育を実施した。こうした経験を踏まえて、1921年6月に労働者教育協会を結成した。同年9月には日本労働学校が設立された。設立要旨によると、イギリス等の労働者教育協会（WEA）や労働者教育の経験に学んだことがうかがえる。1922年には大阪労働学校が賀川豊彦を校長に開講した。

2　昭和期以降における社会教育の展開

（1）戦前昭和期における社会教育

　昭和期に入り第2次世界大戦終結まで、社会教育は軍国主義の強い影響下に置かれ、思想善導と国民統制に貢献していった。その中で社会教育行政は組織面で拡充している。1929年、文部省は社会教育局を設置して社会教育行政の組織拡大を図ると同時に、文部省訓令「教化動員ニ関スル件」を出し、

16　片岡了「戦前社会教育主事制度の成立と経過」、大槻宏樹編著『21世紀の生涯学習関係職員の展望—養成・任採用・研修の総合的研究—』多賀出版、2002年、pp.315-324

総力戦を目指して臣民が精神的及び物質的に一丸となって戦争に協力することを求める教化総動員運動を開始した。翌年に文部省は地方教化網の充実のため通牒「教化振興方ニ関スル件」を発して市町村に教化委員会を設けるように指示した。

　さらに1937年には日華事変が起こり、「八紘一宇」、「挙国一致」、「尽忠報国」、「堅忍持久」等々をスローガンに掲げて、国民の衣食住を統制しながら国民精神総動員運動が展開された。1940年10月に大政翼賛運動が始まり、1942年には社会教育局が国民教化局へと改変された。この間の1935年に、実業補習学校と青年訓練所を統合して定時制の青年学校が創設された。青年学校卒業生の多くが青年団に組織され、国家防衛体制の尖兵にされていった。1937年に機構改編を実施し思想局を廃し教学局を置いて教化体制を強めた。1941年、教育審議会が教育の刷新・振興についての諮問に対して出した答申には「社会教育ハ国民ヲシテ教育ニ関スル勅語ノ聖旨ヲ奉戴シ其ノ実際生活ニ即シテ皇国ノ道ヲ修メ臣道実践ノ修練ヲ行ナワシムルヲ以テ本旨トスコト」とした。他方、同年に大日本連合青年団が大日本青少年団となった。婦人会は1930年に大日本連合婦人会となり、1932年には大日本国防婦人会となり、敗戦直前の1945年には国民義勇隊として組織された。1942年、軍部の支配下に置かれ新聞・放送やその他の媒体が抑えられ、社会教育局は解体され、成人教育に関する事務は教化局に移され、翌年には教学局に移管されて終戦を迎えた。

　戦前の社会教育主事の職名は、公式に「社会教育」という言葉を使用し始めた大正期まで遡って存在が確認できる。1920年、文部省は各地方長官宛に、社会教育担当の主任吏員を社会教育主事として特別に任命するように通牒を出している。そして社会教育主事専任60人、社会教育主事補専任110人が置かれた。しかし当時の社会教育主事の役割は国民教化に主眼が置かれ、住民の学びを支援する現在の社会教育主事制度とは異なるものだった。

（2）戦後社会教育の成立と公民館の創設

　戦後間もなくの1945年10月に文部省は戦時中に廃止された社会教育局を復活させる。翌年には第1次米国教育使節団が来日し、戦後日本の教育改革の指針を示す報告書を提出し、民主主義の原則に基づく成人教育の充実を図っ

た。これに対して文部省は次官通牒「公民館の設置運営について」を出して、戦後日本の社会教育が再出発した。文部省が推進した社会教育施設の公民館は、図書館や博物館とは性格を異にして、多目的機能を有する総合施設の構想であった。1946年7月に文部次官通牒が出されると全国の市町村に、「社会教育」、「社交娯楽」、「産業振興」、「自治振興」、「青年育成」を目的として次々と設置されていった。総じて、この施設は、戦後の地域課題である郷土再建の機運と結びつき、民主主義の啓蒙普及の場として機能した。1946年9月に『公民館の建設　新しい文化施設の構想』を著した寺中作雄は、日本社会に地域から民主主義を実現させるための公民館像を示した。

（3）社会教育法体制の成立と変容

　1946年公布の日本国憲法を受けて、1947年に教育基本法が制定され、同法条項に「社会教育」が規定された。さらにこの法律を受けて、社会教育法、図書館法、博物館法が制定されていった。特に社会教育法は、公権力に利用された戦前の社会教育の反省に立って、公権力の介入を抑制するために定められたのだった。この法律の制定に携わった寺中作雄は、社会教育の自由を守るためにこそ法が必要であることを強調していた。つまり、憲法の三原則が法律に貫かれ、国民が社会教育の権利主体となり、国および地方公共団体は社会教育を奨励する義務があることを明文化したところに社会教育法の意義があるとした。

　1949年の社会教育法につづき、翌50年に図書館法、翌々51年には博物館法がそれぞれ制定されていった。こうして戦後日本が被占領下にあって教育改革は着々と進み、新しい憲法・教育基本法体制の中に社会教育法制度が位置づけられることになった。占領期を終えた1953年には青年学級振興法が制定される。青年学級において経済成長を担う技術者の育成に向けての職業教育が目指され、高等学校に代わる役割が期待された。加えて、法制化を通して反共勢力の国内浸透を防ぐために愛国心教育が求められようとしていた。これに対して青年の自主性を尊重する立場から、日本青年団協議会は共同学習を提唱し、青年たちが主体的な学習活動を展開していくことを求めた。1955年には、公選制を採用した教育委員会法（1948年制定）を廃止して、任命制の地方教育行政法（「地方教育行政の組織及び運営に関する法律」）が制定さ

れることになった。

　1950年代の社会教育の特徴は、青年団の共同学習運動や労働組合サークルの生活記録運動など自主的な学習運動が盛んになったが、他方で、占領軍の撤退以後の社会教育団体に対する指導や学校教員への管理が強化され、青少年への道徳教育も重視される傾向があった。

　こうした中で、1959年に社会教育法の大改正がなされた。主な改正点を挙げると、①1951年の社会教育法改正で都道府県に必置となった社会教育主事制度を市町村にも必置とし、資格認定条項が加わり、大学課程以外に文部大臣の委嘱を受けた大学・教育機関等の主事講習で資格を得られるようにした。②憲法89条に基づいて団体に対する補助金交付が禁止された規定を削除し、一定の条件のもとで可能にした。③戦前の反省から認められなかった市町村社会教育委員の実践において青少年教育の特定事項に対し、団体や指導者への助言と指導を可能にした。④公民館に分館の規定を設けて、文部大臣が設置・運営基準を定め、市町村に指導・助言その他援助に努めるようにした、等々である。総じて、団体への補助金の交付をはじめ国の社会教育への関与の範囲を広くし、結果として文部省による社会教育に対する指導権限の強化を可能にした。

（4）社会教育理解をめぐる各地の模索

　戦後の社会教育の性格と役割をめぐっては、地方や組織でさまざまな議論が重ねられ、いろいろと模索が行われてきた。その中で1963年に大阪府枚方市教育委員会から出された「社会教育をすべての市民に」（枚方テーゼ）では、社会教育の性格を、①社会教育の主体は市民である。②社会教育は国民の権利である。③社会教育の本質は憲法学習である。④社会教育は住民自治の力となるものである。⑤社会教育は大衆運動の教育的側面である。⑥社会教育は民主主義を育て、培い、守るものである。と6つに分類して掲げた。社会教育は憲法の理念を教育的側面から実現していくものととらえられた。

　また公民館事業の特性については、1967年に全国公民館連合会（『公民館のあるべき姿と今日的指標』）の指標づくりの試みがある。そこでは、①「集会と活用－地域生活に根ざす事業」として、いこいの場と機会の提供、集会の場の提供、住民相談、年中行事、調査と資料収集、広報活動などを挙げ、

②「学習と創造−生活文化を高める事業」として、学級・講座の開設、講演会などの開催、学習・創造活動の助長、教具・学習資料の供与、学習の方法・技術の開発などを掲げ、③「総合と調整−地域連帯を強める事業」としては、機関・団体等の連絡・調整・援助、機関・施設・団体との連携、人材の開発と活用、世論の形成などをあげている。

　さらに、1974年の東京都教育庁社会教育部から出された「新しい公民館像をめざして」（三多摩テーゼ）では、①公民館は自由なたまり場です。②公民館は住民の集団活動の拠点です。③公民館は住民にとっての「私の大学」です。④公民館は住民による文化創造のひろばです。と、4つの点から、新たな公民館の役割を提起している。そしてこの役割を実現するための公民館運営の原則として、①自由と均等の原則、②無料の原則、③学習文化機関としての独自性の原則、④職員必置の原則、⑤地域配置の原則、⑥豊かな施設設備の原則、⑦住民参加の原則、を掲げ、都市部での公民館づくり運動の指標となっていった。

　わが国では戦後、欧米の先進工業社会を目指して、農業から工業へと産業構造を転換させて、1950年代半ばから1970年代前半にかけて高度経済成長期を迎えた。新しい産業に就く労働人口が大量に必要となり、これに応じて経済的安定を求めて農村部から都市部への人口移動が生まれていった。都市部では商工業を中心に産業が急速に発展する一方で、大量生産・大量消費が拡大する中で、各地で自然破壊が進み、大気汚染や水質汚濁の下で、身近に自然と接して暮らす地域住民においては、生活破壊が深刻化していくようになった。これに抗して、生活を取り戻す住民運動の中から自然環境や生活危機をもたらした産業構造や生活スタイルを見直す住民の学習活動も生まれていった。今日の環境問題学習につながる公害学習の取り組みが始まった。また、都市部に働きに出た青年たちの中には、都市生活の中で低賃金や孤独感に苛まれて悩む者も少なくなかった、都市型公民館の中では自由なたまり場が設けて居場所を提供したり、障害をもつ青年たちのに学卒後の社会参加の機会と余暇活動の場となったり、子育て中の母親たちが子どもを保育室に預けながら自分自身を育てる講座づくりが生み出されたり、社会教育の新たな段階を迎えていた。

第8章　社会教育の法制度

1 社会教育の法律と行政

（1）社会教育に内在する公共的性格

　現代の社会教育が目指すものは、一人ひとりの自由意思に基づく自主的な学習活動であるとともに、人びとの相互的関係の中で営まれる共同的な学習活動である。したがって、個人にせよ、集団にせよ、市民の自主的で共同的な側面を有する学習活動ととらえることが基本的な見方といえる。しかし、このような理解にとどまっているならば、社会教育は単に市民の自由意思に基づく私事的な営みにすぎないとみなされてしまう。もう一面として、あらゆる市民の学習活動は、日本国憲法が保障している基本的人権に根拠づけられながら現代の社会教育を規定することを忘れてならないだろう。そのように考えると、市民の自主的で共同的な学習活動の実現を目的とする現代の社会教育は、個人的な取り組みでも、あるいは、親しい仲間内だけでの閉鎖的な集団のもとで行われる私事的な営みにとどまるものでもなく、広く社会に開かれた公共的な営みとしてとらえることが大事である。とりわけ市民の学習活動を支える社会教育に携わる人びとには、その公的な保障の必要性を自覚し、公的な責任を伴ったものとして現代の社会教育を理解することが求められる。

　この点を踏まえて、現代の社会教育が有する公共的性格を、法律的側面から確認すると、日本国憲法に基づいて制定された教育基本法では、「社会教育」に関して「国及び地方公共団体」が取るべき責務が規定され、また、教育基本法の精神に基づいて制定された社会教育法（1949年制定）では、「社会教育に関する国及び地方公共団体の任務を明らかにすることを目的とする」規定がなされていることがわかる。

　以上から、現代の社会教育の性格を理解するにあたっては、国や地方公共団体がまったく関与しない私事的な営みとしてとらえるものではなく、公共

的な性格を有したものとして把握され、法律に基づいた公的保障のもとで振興がなされているとするのが肝要である。

（2）社会教育の法律と行政の関係

　ところで、日本の政治機構は、国民主権を定めた憲法に則り、司法、立法、行政の三権分立の原則によって成り立っている。この原則により公権力の濫用が防がれ、国民の政治的自由が保障されているのである。自由を保障するための諸事項が法治主義に基づき立法府を通して体系的に法律が制定されている。ここにおいて行政の役割は、法規の範囲内で国または地方公共団体が政策上の事務を執り行うことにある。とりわけ教育行政一般の方針を規定する法律として教育基本法が制定され、その下位体系に、学校教育行政の任務を規定した学校教育法とともに、社会教育行政の任務に関して規定した社会教育法などが存在する。

　社会教育行政の執行機関では、政府レベルの代表的機関として文部科学省がある。生涯学習政策局社会教育課（2018年10月廃止）では審議会の答申等に基づいて社会教育関連の政策を立案してきた。地方自治体レベルにおいては、都道府県教育委員会および市町村教育委員会が置かれ、それぞれに社会教育担当部署が設置され、地域課題を踏まえて地域の実情に応じた施策が実施されている。この社会教育行政が執り行う事務は、社会教育法をはじめとする関連法規、条例や規則等に基づいて進められる。

　これをふまえ、社会教育行政の役割について見ていくと、現行教育基本法（2006年改正）には、まず第12条第1項に「社会において行われる教育は、国及び地方公共団体によって奨励されなければならない」という規定がある。次の第2項では、「国及び地方公共団体は、図書館、博物館、公民館その他の社会教育施設の設置、学校の施設の利用、学習の機会及び情報の提供その他の適当な方法によって社会教育の振興に努めなければならない」と規定することで、国や地方自治体が「社会教育の振興に努めなければならない」責任と任務を明らかにしている。とくに「図書館、博物館、公民館その他の社会教育施設の設置」を最初に掲げているのは、「社会教育の振興」を行う社会教育行政として最も重要な任務であることを示すものである。

　それと同時に、教育基本法において大切な点は、国や地方自治体の社

会教育に対するかかわり方は「奨励」（encouragement）または「振興」（promotion）などと明記していることである。裏を返せば、社会教育行政の役割が決して社会教育の「実行」や「実践」といったものではないことを意味している。つまり、国や地方自治体に置かれる社会教育行政の役割は、あくまで市民の学習活動を側面から援助したり意欲を引き出したりあるいは促進したり活発化させたりすることにあるのであって、社会教育の主体が自主的に学習活動に取り組む市民の側にあることを示唆するものである。国や地方自治体に社会教育を振興するために社会教育行政の主管部署が地方教育行政組織である教育委員会事務局に置かれ、市民が個人や団体・サークルを通して学習活動の主体となって社会教育が行われる仕組みが成り立っている。このように市民が主体となり自主的に取り組まれる社会教育と区別したい場合には、あえて社会教育行政の営みを「公的社会教育」（狭義の社会教育）と称されることがある。

　したがって、今日の社会教育行政・公的社会教育では、戦前期の社会教育行政のように政務を執り行う職員が市民に対して直接に「教え育てる」という官治主義的発想は、法制理念上においては払拭されている。そして社会教育に関する事項を主務とする専門的職員が社会教育行政の現場に配置され、条件整備や学習支援というかたちで社会教育の「奨励」または「振興」に携わる仕組みとなっている。

　付言すれば、社会教育の振興に携わる仕事を希望する人には、大学等の高等教育機関の資格課程や指定された講習会を受講して、社会教育関連の職業に就くための専門資格が付与される仕組みが存在している。

2 社会教育行政の原則と役割

　社会教育法は、戦前の国家主義的な体制の反省から非権力的助長行政として法律主義にもとづき、人びとの自主的で主体的な学習・文化活動を保障していくことが理念として掲げられ、社会教育行政の任務とその限界（サポート、ノーコントロール）を明示したという点で、画期的な内容であった。それゆえ、この法を拠りどころとして社会教育関係の法制度が整備され、1950

年に図書館法が、そして51年には博物館法が制定される。それは、日本国憲法第26条および教育基本法に明記された「教育を受ける権利」を保障する責務を社会教育行政に課したことを意味する。すなわち、社会教育法は、人びとの自由で自発的な学習を援助することを社会教育行政の役割として規定したのである。

　戦後の教育行政は、自治と分権の原則にそって一般行政から独立した教育委員会（住民の代表である教育委員とその事務局によって構成されている）によって運営され、その中でもとりわけ社会教育行政は、学習者である住民に身近な市町村自治体が中心的役割を担い、それを都道府県および国がバックアップするという構造となっている（社会教育行政の市町村主義）。そしてその運営は、住民参加の原則にもとづいて行われる。すなわち、社会教育行政全体に市民の声を反映させる役割をもつ社会教育委員および社会教育施設の運営審議会（公民館運営審議会、図書館協議会、博物館協議会）などがそれであり、それぞれ社会教育法、図書館法、博物館法に規定されている。

　社会教育法の第3条では、社会教育行政の役割を「国及び地方公共団体は、（中略）社会教育の奨励に必要な施設の設置及び運営、集会の開催、資料の作製、頒布その他の方法により、すべての国民があらゆる機会、あらゆる場所を利用して、自ら実際生活に即する文化的教養を高め得るような環境を醸成するように努めなければならない」と規定している。つまり、人びとが自発的に学ぶための「環境を醸成する」ことがその役割であり、主として社会教育施設、機関の設置と運営など学びの場の保障、すなわち学習活動の空間と設備の提供および学級・講座やイベント等を中心とした各種の学習・文化事業の実施、社会教育関係団体などさまざまな学習・文化関係の団体やグループ等への援助、学習相談や情報の提供などであり、それらが社会教育法第5条に具体的に例示されている。それをまとめると、①公民館等の社会教育施設の設置と運営及び、そこでの事業の企画と実施を行うこと、②必要な諸条件の整備確立を通して市民同士の間で行われる学習活動に対する自由を保障していくこと、③住民主体の社会教育を奨励するよう社会教育施設の運営に住民の参加を促すこと、④社会教育施設は行政と住民の協働で運営されるように環境づくりに努めること、等々となる。

3 社会教育行政と住民の関係

　地域コミュニティにおける住民の学習活動は、生涯学習の時代を迎えて電子通信技術等のメディアを利用した個人の学習から団体・サークル等の集団学習に至るまで、ますます広がりを見せている。住民の学習活動を支援する側は、自由意思で参加した学習者に対して、他人に暴力や差別的行為が及ぶ場合や社会的損害を来すような特別な場合を除けば、憲法が保障する思想・表現の自由や学問の自由に基づいて学習の自由が尊重されなければならない。

　社会教育法が制定された当時（1949年）、文部省社会教育課長の立場で制定過程にかかわった寺中作雄は、「社会教育法は社会教育の全面に亘って、これを規制しようとするのではない。常に国、地方公共団体というような権力的な組織との関係において、その責任と負担とを明らかにすることによって、社会教育の自由な分野を保障しようとするのが社会教育法制化のねらいであって、その権限以上に進出して、却って社会教育の自由を破るような法制となることを極力慎まなければならないのである」[17]と述べていた。

　こうした寺中の社会教育法に見る社会教育観は、社会教育行政・社会教育施設に関わるものだけに限定して社会教育をとらえているのではない。社会教育とは行政主導で行われる取り組みを指す言葉ではなく、むしろ民間的な活動としてとらえられていたのである。社会教育行政を限定的にとらえることによって行政の積極的な任務を自覚し、そして住民同士の間で行われる社会教育の自由を保障しようとする姿勢がうかがわれる。

　今日では、「生涯学習の理念」の規定が教育基本法に設けられ、個人学習も含め幅広い概念でとらえられる「生涯学習」という用語が広く使用されるようになった。学習方法・形態の自由度が強調される半面、ともすると社会教育施設で行われる社会教育活動までもが私的に行われる学習として、自己責任主義や受益者負担を前提としてとらえられる傾向が生じている。このことは行政の責任をあやふやにし、さらには学習者の費用負担の面などから、市民の自由な学習を抑制することにつながりかねない問題性を多々孕んでいる。社会教育の望ましい発展のためには、何よりもまず、住民の自由な学習

17　寺中作雄『社会教育法解説・公民館の建設』(1949年刊の復刻版) 国土社、1995年、p.14

活動が保障されていることが前提になければならない。その豊かな土壌の上に社会教育活動が発展するのであり、また、社会教育活動の発展がさらに住民の自由な学習活動を支えることにつながるのである。

　社会教育行政と住民との関係を考える時、「社会教育関係団体」は重要な意味をもつ。社会教育法第10条では、社会教育関係団体については、「法人であると否とは問わず、公の支配に服しない団体で社会教育に関する事業を行うことを主たる目的とするもの」と定義づけている。法制定時の解釈によれば、社会教育関係団体の要件として、①社会教育に関する事業を主たる目的とする団体であること。②公の支配に属しない団体であること。③法人であると否とを問わないこと。など、３点を挙げていた。具体的には、青年団や婦人会、PTAなどが社会教育関係団体として想定された。その際①の要件については、近年「生涯学習」という観点から幅広くとらえる傾向があるが、当時の解釈では、「厚生事業、警察事業、社会事業等を主目的とする団体で副次的に社会教育の事業を行う団体はこの中に含まれないものと解する」とされていた。ボランティア活動の教育的意義が認識されていることが法制定時にも求められていたわけであるが、学習活動を目的とする社会教育活動と教育活動が付随的なボランティア活動とを一緒にしてよいか議論の分かれるところである。

　また、特にこの社会教育関係団体を社会教育行政が支援する際の問題として、補助金支出の問題がある。つまり関係団体への補助支出は、行政の介与を招くおそれがあるということの問題であり、このことを含めて社会教育行政がどのように関係団体を支援していくかがあらためて問われている。

4　社会教育主事の設置と役割

　教育委員会事務局および公民館、青少年施設などに専門的職員として社会教育主事・主事補が設置されている。社会教育法には社会教育主事・主事補の職務が「専門的技術的な助言と指導」と規定されているが、「命令及び監督をしてはならない」と但し書きが添えられ、学習者の自主性を損なうことがないよう限界づけている。しかも戦前期に勅令で置かれた社会教育主事

に担わされた国民教化的役割を反省し、新制度上では助言と指導に関しても「求めに応じて」行うことが原則とされる。職務上では教育活動に関して極めて禁欲的立場に立っている。また、教育公務員特例法で「この法律で『専門的教育職員』とは、指導主事及び社会教育主事をいう」（第2条第5項）とあり、社会教育主事は指導主事と同様に「専門的教育職員」と規定され、専門職としての明確な位置づけがなされてもいる。

　社会教育主事の職務内容に関しては、上記のように「社会教育を行う者に専門的技術的な助言と指導を与える」と任務が規定されてあるだけで、法制上で明確な職務内容が規定されているわけではない。社会教育法に規定された「市町村の教育委員会の事務」（第5条）並びに「都道府県の教育委員会の事務」（第6条）は多岐にわたり社会教育主事固有の役割は何かという点が見えてこない。近年の社会教育法改正（2008年）では「学校が社会教育関係団体、地域住民その他の関係者の協力を得て教育活動を行う場合には、その求めに応じて、必要な助言ができる」（第9条の2第3項）と条項が追加されたことによって、これまでの学社連携・融合のあり方を見直し、学校と地域社会との協力関係をより一層構築できるよう学校教育と社会教育の連携を進める役割が職務内容として求められるようになってきている。

　しかしこれまでに職務内容が議論されてこなかったわけではなく、1971年の答申では、「市町村の社会教育主事は、住民の自発的学習を助成し、その地域における社会教育活動を把握し、学習意欲を喚起し、集会の開設を計画し、施設の配置、利用計画を立て、学習内容を編成し、更には指導者の発掘とその活用計画を立てるなど、地域における社会教育の立案者、および学習の促進者として、重要な役割を果たさなければならない」などと提言していた。2008年の答申では「地域の学習課題やニーズの把握・分析、企画立案やその企画の運営を通じた地域における仕組みづくり、関係者・関係機関との広域的な連絡・調整、当該活動に参画する地域の人材の確保・育成、情報収集・提供、相談・助言等」（『新しい時代を切り拓く生涯学習の振興方策について』）を具体的な役割や機能として挙げている。

　社会教育主事は、歴史的には1951年の法改正で規定されることになった法定上の社会教育の専門職であり、当時は都道府県教育委員会で「必置」とされ、市町村教育委員会では「任意設置」にとどまっていた。その後、1959

年の法改正で市町村レベルでも「必置」となった。ただし、財政的に難しい人口1万人未満の町村の社会教育主事の設置に関しては、経過措置が設けられ、設置しないことが認められてきた（社会教育法施行令）。小規模の自治体では社会教育主事の設置がなかなか進まず、社会教育審議会が答申「急激な社会構造の変化に対処する社会教育の在り方について」（1971年）及び答申「市町村における社会教育指導者の充実強化のための施策について」（1974年）を通して設置することを促した。1974年には、市町村に都道府県から派遣される「派遣社会教育主事制度」が国からの財政支援を受けて設けられた。このために市町村の設置率が高まることとなった。この制度に対する国の財政支援は1998年まで続いた。2018年度の文部科学省社会教育調査では、教育委員会に配属されている社会教育主事1,681人中で専任の社会教育主事は1,337人（79.5％）、社会教育主事補157人中で専任の社会教育主事補100人（63.7％）である。また、社会教育主事の中で女性の占める割合は、専任の社会教育主事で18.4％（310人）、専任の社会教育主事補で28.0％（44人）となっている。地方分権の時代を迎えながら、各自治体の財政事情もあって、専門的職員としての発令を行うことが困難となってきている自治体も少なくはないことがうかがえる。

5 社会教育行政をめぐる課題

　現行教育基本法の第12条「個人の要望や社会の要請にこたえ、社会において行われる教育は、国及び地方公共団体によって奨励されなければならない」に連動するかたちで社会教育法が改正された。社会教育に関する国及び地方公共団体の任務を明らかにすることを目的に制定された社会教育法の第3条には、その任務の内容が包括的に規定されている。まず、第1項で、社会教育の奨励の具体的な手立てとして「施設の設置及び運営」を筆頭に挙げていることから、施設中心の奨励を基本に据えている。その後半部では「すべての国民があらゆる機会、あらゆる場所を利用して」とあるように、「いつでも、どこでも、だれでも」学べる環境を醸成すべきことが示され、学習者「自ら実際生活に即する文化的教養を高め得る」ことが期待されている。

2008年に改正された社会教育法に新設された第2項には、第1項の任務を行うに当たり「国民の学習に対する多様な需要を踏まえ、これに適切に対応するために必要な学習の機会の提供及びその奨励を行うこと」が設けられ、「国民の学習」が需要と供給の関係に当てはめて規定されることとなり、環境の醸成よりも「商品」として学習のサービス的側面が打ち出され、学習の市場化・民営化を容易にしやすくなっている。自治体財政難の中で社会教育施設の利用において有料化をもたらす「受益者負担」の論理が制度的にますます推し進められることが懸念される。

　さらに同条第3項では、第1項の任務を行うに当たり教育基本法第13条を受けて、「学校教育との連携の確保に努め、及び家庭教育の向上に資することになるよう必要な配慮をすること」が求められ、学校・家庭・地域住民等の連携・協力の促進を担うことが規定された。この点についても学校支援に傾斜することによってボランティアの供給が期待され、環境の醸成よりも「動員」を住民に求めかねない状況もある。特に日本は少子・高齢化が急速に進み、学校・家庭・地域住民等の連携・協力が強く期待されるだけに、学習を一定の方向に誘導しかねない「学習の成果の活用」の論理と相俟って高齢者層の多い地域では、学習者の自主性や学習の自由が阻害される可能性も心配される。

　戦後日本の社会教育の基本原則は、社会教育法制定時に、「社会教育は、本来国民の自己教育であり、相互教育であって、国家が指揮し統制して、国家の力で推進せらるべき性質のものではない」とし、「国家の任務は国民の自由な社会教育活動に対する側面からの援助であり、奨励であり、且つ奉仕である」と認識されていた[18]。この基本原則によって第3条を読み返すならば、社会教育行政の任務は、本来「すべての国民があらゆる機会、あらゆる場所を利用して、自ら実際生活に即する文化的教養を高め得るよう」、住民の自主的な学習活動を実現することを目指すということになるはずである。そのための環境の醸成なのであり、その行政施策の例示として、施設の設置及び運営、集会の開催、資料の作製、頒布を挙げている。このように社会教育の内実は、住民相互の間で行われる自主的で共同的な学習活動であるとい

18　同前『社会教育法解説・公民館の建設』、p.25

える。社会教育行政、とくに公民館、図書館、博物館等の社会教育施設は、このような自主的で共同的な学習の基盤となる人間関係を住民自身が意図的に創り出していく環境を計画的に築いたり、そうした環境づくりに向かって援助したりしていくことをねらいとすることである。

　今日の住民の学習活動を取り巻く現状は、住民の学習要求が多様化しており、しかも官民を問わず多様な学習機会が存在している状況といえよう。社会教育行政の任務を、住民の自主的で共同的な学習活動に対する援助として、限定的に考えることは、多様化する住民の学習活動すべてに援助するということではないし、またそれができるわけでもない。これから社会教育行政の課題の一つとして挙げられる点は、住民が自主的に取り組んでいる学習活動を、他の学習活動につないでネットワークを築く支援をしたり、学習活動の成果を活かす実践の場をさまざまに提供したり、学習情報が集まるプラットフォームに必要な基盤整備をしたりして、より学習の場を活性化していくよう、地域に多様に展開を見せる「学びあうコミュニティ」の構築に働きかけながら、これから活躍が期待される社会教育士をはじめ、多様な学習を支援する人びとに政策サイドと現場の間に立って中間支援的な役割を果たすことにあると考えられている。

第9章　社会教育の施設と職員

1 社会教育施設の種類と性格

（1）公民館

　公民館は、社会教育法に規定された社会教育施設である。と同時に、地方教育行政法で明記された教育機関でもある。しかし公民館の設置は法律で定められる前から政策上で推奨され設置が進んでいた。公民館という名称の施設自体は戦前にも存在した。戦後の公民館政策は、1946年の文部次官通牒「公民館の設置運営について」から始まる。この通牒の作成を担った寺中作雄（当時文部省社会教育課長）の名前に基づき「寺中構想」と呼ばれる。この通牒で公民館の役割を、①各町村に設置されるものであること、②町村民が集まって議論し、読書し、生活上や産業上の指導を受けお互いに交友を深める場所であること、③郷土における文化教養機関であること、④青年会や婦人会など文化団体の本部が置かれ、各団体と連携して町村振興を進める場所であること、と解説している。また、運営上の原則として、①民主的社会教育機関である、②町村民の社交機関である、③産業振興の原動力である、④町村民の民主主義の訓練場である、⑤文化交流の場である、⑥青年の積極的協力が大切である、⑦郷土振興の機関である、等々を挙げている。このように戦後の日本社会には、戦争で疲弊した地域を復興する課題と、戦後の新しい民主主義の理念を基に社会を再建する目的があり、それらを実現する上で教育に寄せる期待は高く、学校施設と並んで公民館が重要な役割を担った。

　この通牒を契機にして、急速な勢いで各地に公民館が普及していった。戦後初期の公民館は、多様な役割と目的を担うとともに、公民館委員会が置かれ、多くの住民が参画して運営に当たっていた。このように住民の生活に密着した活動が公民館を拠点に展開される中で、1949年に社会教育法が制定され、公民館が社会教育施設として規定された。この法律の第5章が公民館に充てられ、公民館の目的や事業が規定された。法律上の公民館の目的は、「市

町村その他一定区域内の住民のために、実際生活に即する教育、学術及び文化に関する各種の事業を行い、もつて住民の教養の向上、健康の増進、情操の純化を図り、生活文化の振興、社会福祉の増進に寄与すること」（第20条）としている。その事業は「定期講座を開設すること」（第22条）を筆頭に、6項目の多岐にわたっている。理念的な規定にとどまり具体的な方法や内容などに関しては踏み込まず、多くは設置される自治体の裁量に委ねられ、「市町村が公民館を設置しようとするときは、条例で、公民館の設置及び管理に関する事項を定めなければならない」（第24条）と規定している。地域的特性を色濃く反映する点にこそ公民館の特色がある。

　公民館の種類については、市町村が設置し法律と条例に従って自治体が管理する公立の「条例公民館」と、集落や小地域で設置して住民が管理する共立の「自治公民館」の二形態に大きく分かれる。条例公民館は「中央公民館」「地区公民館」「分館」と体系化されて管理が行われる傾向がある。他方、自治公民館は、地域によって「町内公民館」や「字公民館」とも呼ばれ、住民自治組織が運営に当たる。住民から集めた資金だけでなく、市町村が交付した補助金で運営されるものも多く、全くの民間施設というわけではない。

　しかし近年は、市町村教育委員会の下で運営されてきた条例公民館が財団・公社に委託して管理したり指定管理者のNPOや民間企業が運営したり運営形態が多様化する傾向にある。戦後間もなく誕生した公民館は、町村の農村地帯を中心に設置がみられ、多様な課題に取り組んでいたが、1960年代以降、急速に都市化が進み人口が増加した都市部では、新たな公民館像が模索された。そうした中で、東京都教育庁社会教育部は1974年に「新しい公民館像をめざして」を公表し、先に述べたように都市型公民館の役割を明示した。その後、都市化がさらに進み、生活様式や労働形態が多様化し、暮らし向きは向上したが、生活の豊かさとは逆に、孤独や不安など深刻な問題を抱えた住民が増加している。地域での人と人とのつながりや人と自然とのつながりなど公民館も他の機関とともに取り組む現代的課題が山積している。公民館附属機関の公民館運営審議会や利用者連絡協議会など住民と協働した取り組みに期待が寄せられる。現在の公民館設置数は、1999年の19,603施設をピークに減少し、2018年時点で14,281施設である。高度経済成長に建設された施設が老朽化を迎えているが、自治体の財政難の中で、公民館を廃止した

り他の施設に建て替えたりした影響が出ていることが考えられる。

（2）図書館

　図書館は、明治期から文部省の下で整備されてきた施設である。戦前に勅令により図書館令の公布も見られたが、今日の図書館の基本的な制度的枠組みは、1950年に制定された図書館法に基づいて確立された。社会教育における図書館の役割は、学習に必要な資料・情報を利用者・住民に提供することで、地域住民の自主的な学習活動を支援することにある。資料・情報を介して住民の社会教育に寄与するということが図書館の有する多様な機能の中の一つとして存在する。

　戦後の図書館の発展に影響を与えたのは、敗戦占領下の1946年に来日した米国教育使節団の報告書であった。報告書では成人教育の振興にあたって学校や博物館と並んで図書館の役割が重視されていた。これを契機に図書館の法制化が進められた。法案作成時には図書館の設置を市町村に義務づける積極的な提案もあったが、それは財政的な事情で見送られた。

　図書館法は、図書館の理念を掲げ、国民に奉仕（サービス）する機関として相応しい図書館の性格を規定するものとなった。図書館法では、図書館の目的を「図書、記録その他必要な資料を収集し、保存して、一般公衆の利用に供し、その教養、調査研究、レクリエーション等に資すること」（第2条第1項）と規定している。資料の収集と保存にとどまらず、「一般公衆」が利用できるよう公開するという点で公共的性格が付与されている。

　公共施設として図書館は、図書館法の分類では「公立図書館」と「私立図書館」の二種類に分けられている。このうち公立図書館とは「都道府県立図書館」と「市町村立図書館」である。都道府県立図書館の役割は、当該エリア内の市町村立図書館の活動を補助することであり、市町村の図書館間の連絡・調整を行うことである。公民館と同様に、市町村立図書館が住民の身近な施設として位置づいている。また、私立図書館とは、「一般社団法人・一般財団法人等」としている。とくに公立図書館の公共的性格を示す点として、設置主体が自治体であり住民の税金で建設・維持され公共的性格が強いので、「公立図書館は、入館料その他図書館資料の利用に対するいかなる対価をも徴収してはならない」（第17条）と規定され、無料公開の原則を明確にしている。もう一つは、

図書館法では、「公立図書館に図書館協議会を置くことができる」(第14条第1項)とされ、地域住民の意見を図書館の運営に反映させるための機関を設けて公共性を高める仕組みを備えている点が挙げられる。

　図書館の中心的な業務は、「図書館奉仕」(第3条)といわれるサービス業務である。資料の提供(貸出)をはじめ、目録の整理、レファレンス・サービス(相談)、移動図書館等の巡行、読書会等の開催など多岐に及ぶ。図書館の数は、年々上昇傾向にあり、2018年には3,360施設が設置されている。都道府県や市のレベルでは図書館の設置は充足しているが、小規模な町村の中には設置が進んでいない地域がまだ存在する。図書館の設置に加えて分館の設置、移動図書館の充実、公民館図書室等と密接な連携・協力関係を結んでいくなど住民へのサービスをより高めていくことが課題である。

(3) 博物館

　博物館は明治期から国の機関として整備され始めたが、現在の博物館は、博物館法制定以後に設置されたものがほとんどである。したがって1951年に成立した博物館法によって今日の博物館の制度的基盤が確立された。すでに教育基本法や社会教育法に社会教育施設と明記されながら、公民館、図書館に次ぐ遅れた法整備となった。

　博物館の目的は、博物館法で「歴史、芸術、民俗、産業、自然科学等に関する資料を収集し、保管(育成を含む。以下同じ。)し、展示して教育的配慮の下に一般公衆の利用に供し、その教養、調査研究、レクリエーション等に資するために必要な事業を行い、あわせてこれらの資料に関する調査研究をすること」と規定されている。戦後に量的拡大を見せた博物館は、形態・内容・規模において多種多様に存在する。

　設置主体別では、国立、公立、私立に分かれ、法律上の分類では、登録博物館、相当博物館、類似博物館に分かれる。また、収集資料の内容により、総合、郷土、美術、歴史、民族、考古、自然(史)、科学、技術、産業の各博物館のほか、動物園、植物園、水族館などに分けられ、それぞれ、内容に応じた独自な活動が展開されている。近年は、歴史遺産や自然環境の保護を目的にして、収集活動より現場での保存・研究に比重を置く、エコ・ミュージアムやフィールド・ミュージアムと呼ばれる環境保護や地域振興に貢献し

ている博物館も見られるようになった。その中でも博物館法の特徴は、この法律の目的に沿い、責任の明確な団体・法人で、一定の水準を満たして登録を受けた博物館を「登録博物館」（もしくは「相当博物館」）とすることによって、行政として援助するに相応しい対象を定めている点である。

　博物館の基本的な役割は、資料に関する収集・整理・保管・展示のほか、教育普及・学習支援、調査研究がある。博物館が所蔵する資料は、社会や未来に向けた公共的な財産であり、収集・整理・保管・展示には細心の注意をもって取り扱われなければならない。調査研究を通して資料の価値を高めることも必要になる。とくに社会教育施設としての博物館にとって必要なのは教育普及である。学校や公民館など他の教育機関と連携して博物館自体の持つ教育機能に対する高い評価を獲得していくことが求められる。博物館の設置数は、2018年には5,738施設である。その内訳は、博物館は1,286施設、博物館類似施設は4,452施設である。

　地域住民の博物館協議会や博物館友の会を通じた博物館活動への参画、マネジメントに関わる人材の養成、指定管理者制度の検討等など財政事情が厳しくなる中で博物館を取り巻く問題に向き合っていく必要がある。

　2022年6月に博物館法の一部改正が行われるとともに、博物館行政が文化庁（2023年4月京都に移転）に所管が移行することになった。今回の改正の趣旨は、博物館に求められる役割や博物館の設置主体の多様化に応えるための改正であるという。そこで法律の目的、博物館の事業、登録の要件等を見直すことになった。特に、法律の目的においては、社会教育法のほかに、文化芸術基本法が追加されることになった。他の博物館との連携に加えて、地域の多様な主体と連携・協力により文化観光その他の活動を図りに地域の活力の向上に取り組むことが求められるようになってきていいることを注視しておきたい。

【表2-1】社会教育施設設置数の推移

種類 年度	公民館	図書館	博物館	青少年教育施設	女性教育施設
2002	18,819	2,742	5,363	1,305	196
2005	18,812	2,979	5,614	1,320	183
2008	16,566	3,165	5,775	1,129	380
2011	15,399	3,274	5,747	1,048	375
2015	14,841	3,331	5,690	941	367
2018	14,281	3,360	5,738	891	358
2021	13,798	3,394	5,771	840	358

注1）公民館、博物館の設置数に類似施設の設置数が、図書館の設置数に同種施設が含まれる。
注2）社会教育施設には、その他、社会体育施設、文化施設（劇場・音楽堂等）、生涯学習センターがあり、
　　　2021年度ではそれぞれ45,658、1,832、496の施設数であった。
（出典：文部科学省HP「社会教育調査—平成14年度～令和3年度結果の概要」参照）

2 社会教育施設の職員と役割

（1）公民館主事の役割

　公民館主事は、公民館等の社会教育施設に置かれる専門的職員である。社会教育法第27条で「公民館に館長を置き、主事その他必要な職員を置くことができる」と規定されている。1959年の法改正で条文が設けられた。当初より1946年の次官通牒「公民館の設置運営について」で公民館の設置に併せて配置することが推奨されていた職員である。公民館の設置が進む中で、より充実した公民館活動を行うことができるように法改正とともに基準（「公民館の設置及び運営に関する基準」）制定により設置が促された。同時に、市町村に必置とされた社会教育主事との兼任が図られ、公民館主事の設置数は急速に増加した。また、2003年に基準の見直しが図られ、地方分権の折からその設置は地方自治体の裁量に委ねられるようになった。

　公民館主事の職務に関しては、社会教育法に「館長の命を受け、公民館の事業の実施にあたる」（第27条第3項）とされ、それ以上の具体的な職務内容は規定されているわけではない。それでも公民館の事業に関して社会教育法第22条では、定期講座の開設、討論会・講習会・講演会等の開催、各種の団体・機関等との連絡等々、多岐にわたって規定しているところから、実際

に事業の実施に当たる主事の職務も非常に多彩な内容である。1974年に東京都教育庁社会教育部から出された「新しい公民館像をめざして」（三多摩テーゼ）では、公民館の職員の職務内容について、①施設の提供と整備、②相談、③集団への援助、④資料の提供、⑤編成、⑥広報、⑦庶務経理などを挙げている。住民の学習権を保障していくための職務として、公民館主事を含めた公民館職員に求めている。

　公民館主事の全体数は、1996年の19,470人を最大にして年々減少傾向にある。2018年には専任職員の数が7,570人になっている。その内訳を見ると、専任職員の割合が減少し、逆に兼任職員や非常勤職員の割合が増加していることが特徴的である。2018年には、公民館職員数45,614人で専任は7,570人（16.6％）であった。また、女性の占める割合は、39.7％（18,107人）であった。この間の地方分権の進展が大きく影響を与えている。財政的な危機に加えて行政サービス向上の要請に対処するために運営形態の多様化を図り雇用のあり方を見直す自治体も多くなっている。

　他方で、自治体を立て直す上で住民自治への期待が高まってきている。住民自治に向けた住民の参加を促す上で、公民館の機能の再評価が求められている。公民館機能を高めるなら職員数の増加は不可欠である。また、このことは公民館主事の専門性とも関連している。法律上では特に資格要件の規定がない。「公民館の設置及び運営に関する基準」には、「社会教育に関する識見と経験」「公民館の事業に関する専門的な知識及び技能」が求められているにすぎず、任用にあたっては主事の資質や能力は地方自治体の裁量に委ねられている。そのため社会教育主事任用資格を有する学校教員経験者を公民館主事に充てたり、社会教育主事任用資格をもって公民館主事任用の際の資格要件としたりする自治体も多い。このような状況に対して専門的職員としての地位を確立し、資質や能力の向上を図る制度の整備や専門性のあり方を改めて検討し直すことが公民館主事制度に求められている。

（2）図書館司書の役割

　図書館司書は、図書館法で「図書館に置かれる専門的職員」（第4条第1項）と規定されている法定上の職員である。

　その設置に当たっては、やはり同法で「公立図書館に館長並びに当該図書

館の設置する地方公共団体の教育委員会が必要と認める専門的職員、事務職員及び技術職員を置く」（第13条第1項）と規定され、必置ではないが、教育委員会の判断に委ねられるかたちとなっている。文部科学省が告示した「図書館の設置及び運営上の望ましい基準」では、図書館が専門的なサービスを実施するために必要な数の司書・司書補の配置を求めている。司書の職務規定については、図書館法で「図書館の専門的事務に従事する」（第4条第1項）とある。その具体的な職務について規定はない。同法第3条に掲げられた図書館奉仕の事項には、図書館資料の収集、整備、利用相談、他の機関との連絡・協力、巡回文庫、読書会・研究会などの開催、資料の提供、教育活動等機会を提供、他の教育機関との連絡・協力などあり、多様な職務を担っている。生涯学習時代を迎えて、読書活動の推進をはじめ、より充実した図書館サービスの提供を行うことが期待されている。そのための専門的職員としての位置づけや専門性を確保するための研修の充実が求められている。

　図書館の絶対数が少ないため、図書館の設置数が増加するのに伴い、図書館司書の配置数も年々上昇している。2018年には、司書と司書補を合せて19,465人が配置されている。専任の職員として見ると10,939人（専任の割合26.5％）となっている。開館時間の延長等の行政サービスの向上が公立図書館に要請されていることから、配置数の増加とは裏腹に、民間組織への業務委託がなされる一方、非常勤職員や嘱託職員の雇用形態に切り替える自治体も現れてきている。2008年以降の専任比率の低下とともに、地方自治体の職員としての採用枠も狭くなっている。また、図書館司書全体の中で女性の占める割合は、専任司書で89.1％（17,926人）、専任司書補で86.1％（377人）といずれも男女比の割合が高い傾向にある。

（3）博物館学芸員の役割

　博物館学芸員は、博物館法で「博物館に、専門的職員として学芸員を置く」（第4条第3項）と規定された法定上の職員である。学芸員を置かなければ、同法第2条で規定する「博物館」として登録はできない。学芸員の設置については、「公立博物館の設置及び運営に関する基準」で「博物館には、学芸員を置き、博物館の規模及び活動状況に応じて学芸員の数を増加するように努めるものとする」（1998年改正）とあり、博物館の規模と活動状況に適し

た配置を促したが、2011年に新たに告示された基準により「基本的運営方針に基づき適切に事業を実施するために必要な数の学芸員を置くものとする」（「公立博物館の設置及び運営上の望ましい基準」）と規定して、適切な数の学芸員を置くことを求めている。

博物館学芸員の職務については、博物館法に「博物館資料の収集、保管、展示及び調査研究その他これと関連する事業についての専門的事項をつかさどる」（第4条第4項）と規定されている。博物館には、歴史博物館、美術博物館、自然博物館、水族館など多様な種類が設置され、各種博物館に応じて博物館資料の範囲も多岐にわたるため、学芸員の専門的な職務内容も幅が広く異なっている。研究機関としての博物館から教育機関としての役割も兼ね備えた博物館へと博物館は機能も多様化している。とくに市町村の公立博物館は、住民の身近な生涯学習の場として教育機能を高めていくことが求められている。とくに情報化の時代の中で実物に触れる機会が少ない子どもの体験学習の場として、学校教育と連携して活用されることも期待されている。そのため職務内容も広がりを見せている。

また、各自治体で取り組み始めているフィールド・ミュージアムを通して地域の歴史・自然・文化資源の保存と展示を行い、観光や文化活動など地域振興につなぐ仕事も存在する。住民ボランティアとのコミュニケーションによる協働・協力関係の構築を抜きに、より充実した公共サービスを実現することが難しくなっている。教育面を担う資質と能力を含む高度な専門性を備えた学芸員の存在は重要である。博物館の設置数の増加に応じて、博物館学芸員の配置数も年々増加している。2018年には、学芸員と学芸員補と会わせて9,395人（47.2％）が置かれている。そのうち専任学芸員は4,439人、学芸員補は451人である。また、博物館学芸員全体の中で女性の占める割合は、専任学芸員で46.0％（4,539人）、専任学芸員補で51.3％（539人）となっている。いずれも博物館類似施設を合わせた数字である。

【表2-2】専門的職員設置数の推移

(人)

種類 年度	①専門的職員総数 (女性の割合%) ②専任の職員総数 (専任の割合%)	①公民館主事 (女性の割合%) ②専任の職員 (専任の割合%)	①図書館司書 (女性の割合%) ②専任の職員 (専任の割合%)	①博物館学芸員 (女性の割合%) ②専任の職員 (専任の割合%)
1999	①108,301	①18,927	①10,208	①5,983
2002	①105,725	①18,591	①11,364	①6,351
2005	①110,294	①17,805	①13,223	①6,916
2008	①114,461	①15,420	①14,981	①7,761
2011	①117,604	①14,454	①17,382	①8,254
2015	①117,865 (52.6) ②171,075 (32.2)	①13,275 (42.0) ②7,922 (16.6)	①19,465 (88.3) ②11,448 (28.7)	①8.831 (44.5) ②17,126 (35.1)
2018	①115,966 (53.8) ②158,528 (30.0)	①12,334 (48.0) ②7,570 (16.6)	①20,568 (89.0) ②10,939 (26.5)	①9,395 (47.2) ②16,951 (33.3)

注1) 専門的職員総数には、教育委員会（都道府県及び市町村）、青少年教育施設、女性教育施設、体育施設、文化施設（劇場・音楽堂等）、生涯学習センターの職員数が含まれる。

注2) 公民館主事、図書館司書、博物館学芸員に、主事補、司書補、学芸員補の職員数が含まれる。

注3) 公民館、博物館の職員数にそれぞれ類似施設の職員数が、図書館の職員数に同種施設の職員数が含まれる。

(出典：文部科学省HP「社会教育調査—平成11年度～平成30年度結果の概要」参照)

（4）その他社会教育施設

　公民館、図書館、博物館は、それぞれ社会教育法、図書館法、博物館法に規定された施設であり、どれも戦後教育改革期に法制化された代表的な社会教育施設ということになる。しかしそれ以外にも社会教育施設が挙げられる。

　一般に、社会教育施設とは、社会教育の振興や推進を目的として設置された公共の施設を指すと理解されるが、文部科学省が定期的に実施する社会教育調査の対象にする施設を見ると、公民館、図書館、博物館以外に、青少年教育施設、女性教育施設、文化施設、体育施設、生涯学習センターが挙げられている。主に文部科学省あるいは地方自治体の教育委員会などが設置運営する公共施設である。

　まず、青少年教育施設は、青年の家（現・青少年交流の家）と少年自然の家などの施設がある。前者は1950年代後半から当時の文部省が都道府県に設置を促して、当初は青年向け教育活動の場として普及してきた。団体宿泊型研修施設であり、キャンプ場や運動場など野外活動施設が併設され、集団生活体験や自然体験を得ることを目的に設置されてきた。また、後者は1970年

代に小中学生向けに設置された団体宿泊型研修施設であり、とくに自然体験など野外活動が重視されている。この頃各地で都市化が進み、子どもの自然とのふれあいや異年齢仲間の集団遊びが減少し、子どもの発達上の歪みが指摘されるなかでその必要性の高まりとともに普及してきたものである。2018年現在の設置数は891施設である。

　女性教育施設は、女性会館や女性センターの総称である。かつては「婦人教育」といわれこの分野に携わる教育関係者をはじめ一般女性や女性団体のために各種の研修、交流、情報提供のほか調査研究の事業を行い、女性の社会参加の促進や社会的地位の向上を目指して設置されてきた。男女雇用機会均等法施行（1986年）を契機に、1980年代から90年代にかけて男女平等推進センターや男女共同参画センターなどに改称や新設がなされ広がった。近年はジェンダーの視点から女性とともに男性も育児や介護、働き方を学び、多様な性のありようを問う場となってきている。設置数は367施設である（同上調べ）。

　文化施設は、劇場や音楽堂等の施設をはじめ、文化会館、市民会館、県民会館などと従来呼ばれてきた施設の総称である。舞台装置や大人数収容可能な客席を備えたホールを有する施設である。音楽や演劇など舞台芸術の鑑賞活動だけでなく、地域住民の創作や発表など表現活動の場となる施設である。かつては公会堂や公民館併設の大講堂として利用され、1980年代以降は文化ホールとして各地で建設ブームを迎え、地域文化の振興拠点として注目を集めた。一時は「ハコもの」の象徴としてその形骸化に批判が集まったこともあるが、市民の文化活動を積極的に支援し、独自な事業展開を見せている施設も少なくない。2018年現在の設置数は1827施設である。

　社会体育施設は、スポーツセンター、総合体育館、各種の運動競技場などの総称である。東京オリンピックが開催された1960年代に、スポーツ振興法（1961年制定）によって施設整備が急速に進んだ。2011年にはスポーツ振興法を全面改訂して、新たにスポーツ基本法を制定し、スポーツに関する施策の総合的、計画的な推進が図られることになった。この法律の前文には、「スポーツは、世界共通の人類の文化」であり、「国民が生涯にわたり心身ともに健康で文化的な生活を営む上で不可欠のもの」とある。さらに「スポーツを通じて幸福で豊かな生活を営むことは、全ての人々の権利」ととらえられ、

「日常的にスポーツに親しみ、スポーツを楽しみ、又はスポーツを支える活動に参画することのできる機会」が確保されること求めている。この点で、近年、スポーツ振興は行政から地域へ移行するなかで急速に普及してきた総合型地域スポーツクラブの設置をより促すものとなった。

　スポーツは、かつて教育が知育・徳育・体育から成るとされたように、教育の範疇に入る営為である。社会教育法第3条「社会教育の定義」のなかに「体育・レクリエーション活動を含む」と規定され、社会教育行政が奨励する住民の文化活動の一角をなしてきた。1990年の中央教育審議会答申「生涯学習の基盤整備について」以来、「生涯スポーツ」の言葉とともに、スポーツ活動は生涯学習としても取り組まれるようになった。2018年現在の設置数は46,981施設である。

　生涯学習センターは、1990年の中教審答申で、都道府県レベルに生涯学習推進センターの設置を提言してから本格的に普及した。中核都市や大学等にも設置が見られる。2018年現在の設置数は358施設である。

　これら以外にも、社会教育的性格を有する地域施設としてコミュニティ・センターがあり、以前から地区会館や自治会館などとも呼称され、地域コミュニティの再生が叫ばれた1970年代に公民館と並んで各地で設置が進んだ。教育的職員の配置など法的位置づけの点では公民館と異なる施設であるが、その地域振興的機能は公民館に限りなく近く、住民主体の運営が基本になっている。また、1973年ごろから都市部ではボランティア活動の隆盛とともに情報提供や活動拠点となるボランティア・センターの設置がはじまった。先述した中央教育審議会答申（1990年）でボランティア活動が生涯学習として認められ奨励がなされる中、阪神淡路大震災などを契機に社会貢献活動やNPO活動が盛んになり、1998年に特定非営利活動促進法（通称NPO法）が制定されると、各地でボランティア組織やNPO団体の活動拠点となる市民活動センターへと改称されていった。

　また、法律の枠を超えた広い意味で社会教育・生涯学習に寄与している学習施設としては、勤労者向けの勤労福祉会館、勤労青少年ホーム、働く婦人の家などがある。さらに、福祉施設ではあるが障害者福祉センター、老人福祉センターなどでは文化活動が展開している。

　なお、公共の機関ではないが、民間教育文化事業者が提供するカルチャー

センターをはじめスイミング教室やクッキング教室が見られ、古来よりある伝統的修養機関の稽古場・道場のほか、映画館や寄席演芸場などの大衆文化施設があり、市民の教養の向上に貢献してきた学習関連施設を挙げれば数限りない。近年は、不登校児童を受け入れる学習の場としてフリースクール（居場所）や、持続可能な環境学習のよりどころとして自然学校（フィールドワーク施設）などの新しい学校スタイルの学習機能を備えた施設の広がりが注目される。

3 社会教育の事業

　各自治体の教育委員会事務局で計画され、社会教育施設等の教育機関で実施され、地域住民の学習機会として提供されるのが社会教育事業（以下「事業」という）である。ここでは社会教育施設の代表的な教育機関として公民館を例に、そこで実施される事業を取り上げる。

　社会教育法第22条に「公民館の事業」規定があり、公民館の主な事業内容が例示されているのがわかる。公民館の事業のなかでも「定期講座を開設すること」が筆頭に掲げられていることから、以下では、いわば象徴的事業の「講座」を取り上げその特徴を述べることにする。

　そもそも教育行政の管轄下に置かれる公民館が主催事業を行う目的が、狭義では「公民館の目的」（社会教育法第20条）を達成することにあり、広義では「社会教育の奨励」（社会教育法第3条）にあるとされている。公民館が主催する事業は、定期講座の開設、講演会の開催、各種集会の設定など多種多彩である。総じて、住民個々の学習活動の支援に限らず、地域コミュニティ全体を視野に入れた社会教育活動を高めていく取り組みの一つとして講座があると考えてよいだろう。しかも自治体構想のもとで、中長期的な社会教育計画（自治体によっては「生涯学習推進計画」という）のもとで実施されるのが講座の本来的な位置づけである。たとえ無計画な学習機会の提供に見られることがあっても、一つひとつの講座の企画の背後には社会教育に関する体系的な計画が存在していることになる。

　このようにして作られた講座への継続的な参加・受講を契機に、個人や団

体・サークル等の自主的な活動が地域全体に広がっていく中で、地域コミュニティとしての連帯感や共同性が培われていくことが期待されている。

公民館の講座の基本的性格を挙げると、①住民が一人ひとり豊かな人生を送ることができるよう、学びを通して自己実現が可能となる環境づくりに資すること（自己形成）、②他者と学びの場を共有しながら、互いの学びを認めあう協同関係をつくる契機となること（学習協同）、③互いに学びあうなかで、自ら暮らしや地域が抱える課題に取り組む住民自治を創り出していくこと（自治創造）、等々にある。このようにして住民が自らの日々の生活や仕事のあり方を不断に問い、主体的に築き直していく機会がいつでも得られるようしていくことが求められている。

このような性格を有する講座を企画する際に考慮すべき点は何だろうか。次にその要点を挙げてみる。まず、①学習の広がりと深まりが得られるように、計画上でよく練られた学習プログラムであること（計画性）、②講座の展開に沿って学びが深まり、学習者に潜在する能力や可能性が現れ、新しい世界に開かれていくものになること（開発性）、③学びを介して学習者同士の仲間づくりの芽を育てる機会になること（連帯性）、④公共課題や権利保障を重視して学習機会を得ることが困難な人びとに開かれていること（平等性）、⑤地域に根付く文化財や文化活動を担う多様な人材を教育資源として活用すること（地域性）、等々が講座づくりのポイントになるであろう。また、講座の前提として学習の自由が保障されていなければならない。

なお、紙幅の都合により割愛せざるを得ないが、社会教育事業の具体的事例に関しては、『社会教育・生涯学習ハンドブック（第9版）』（社会教育推進全国協議会編、エイデル研究所、2017年）や『月刊社会教育』（同編集委員会編、旬報社、各号）などに掲載されている社会教育事業の実践事例に当たって理解を深めていくことをお勧めする。

4 社会教育を取り巻く環境の変化と諸課題

（1）社会教育施設使用の有料化

近年は一部の自治体においては、社会教育施設を利用する際に、講座・

講演会等の事業に対する受講料を請求したり、団体・サークルが施設の使用料を徴収したりするところが出てきている。こうした有料化の根拠の一つになっているのが受益者負担論である。市場経済において利益を受ける者（受益者）は、その利益に見合った経費を自ら負担するという原則に基づいて、住民から徴収された税金で維持される公共の施設であっても料金徴収が合理化されるようになってきている。

公民館に関しては、社会教育法に使用料等の規定はなく、料金徴収の有無は自治体の条例に委ねられ、無料規定を条例で明記する自治体もこれまでは多かった。博物館の入館料等に関しては、博物館法第23条で「公立博物館は、入館料その他博物館資料の利用に対する対価を徴収してはならない」としながらも、「但し、博物館の維持運営のためにやむを得ない事情のある場合は、必要な対価を徴収することができる」と規定があることで、料金を徴収する博物館も見られる。ただし、現在、公共図書館に関しては、図書館法第17条で「公立図書館は、入館料その他図書館資料の利用に対するいかなる対価をも徴収してはならない」と規定され、公共図書館は無料の原則が貫かれている。1994年のユネスコ公共図書館宣言においても「原則として無料」が謳われ、行政機関の責任を重視している。さらに2005年から著作権法に基づき貸与権が適用され、図書館サービスの無料の原則を貫かざるを得なくなっている。

（2）社会教育施設運営管理の民営化

社会教育施設は、戦後長らく教育行政の管轄の下で公設公営の施設として運営がなされてきた。1970年代以降、自治体経営の合理化の下で、全国各地で社会教育施設の運営を財団や公社に委託する自治体が生まれた。また、2003年に改正された地方自治法に盛り込まれた「指定管理者制度」を導入して、自治体が運営する社会教育施設を、民間企業やNPO、住民自治組織に委ねる経営手法が採られはじめている。自治体側のねらいとしては、民間の経営手法を導入することで住民・利用者に対するサービスが向上したり、自治体直営施設の運営経費を削減したりすることで自治体の行財政改革に寄与することが掲げられることが多い。

しかし財政事情を抱える自治体においては経費削減のねらいが大きいとされる。指定管理者制度にしたがい業務契約をする団体側では、サービスの向

上に努めることはもちろんであるが、そのために働くスタッフの長時間労働や「サービス残業」などの労働強化と低賃金化を強いられる可能性も高い。契約更新が可能であるか、また可能だとしても契約更新時に受託契約額の減額を求められることも多く、事業が採算に見合うかなどを含め課題が山積している。また利用者である住民側においても、公営であった時のように住民の意思を反映した社会教育施設運営が維持できるかどうかの不安や、職員の引き上げにより教育機関として効果的な学習支援ができるかという心配もある。加えて施設の民営化によって引き起こされる有料化による負担感が学習行動を制約することが懸念される。

（3）社会教育施設の非教育機関化

　教育委員会に所管された公民館が、地方自治法第180条の7の規定を受けて首長部局の補助執行を受けたり首長部局に移管されたりする自治体が生まれている。公民館の運営管理から事業企画・実施まで補助執行の範囲となり、一般行政の職員が教育委員会の事務を執り行うこととなる。このことによって教育委員会の独立性に基づく権限が失われ、公民館が教育機関から非教育機関へと変わることとなる。教育行政から一般行政に所管が移動するということは、教育基本法や社会教育法など教育関連法の適用から除外されることを意味し、社会教育専門職の配置もなくなる可能性が高くなる。すでに文化・スポーツ行政・施設の場合は、地教行法改正を受けて首長部局移管が進んでいる。

　一方で、一般行政に移管することで、地域に密着した公民館機能を用いてまちづくりに貢献したり公民館に出張所の役割を負わせたりして、行政財政改革の効率化に寄与することが期待されている。社会教育機関としての公民館からまちづくりセンターとしての公民館へと転換することで役に立つことは多いとする意見もある。教育機能を衰退させるだけでなく、公権力の影響を直接に受けて不当な支配に服するおそれもあり、結果として教育の政治的中立性や安定的継続性に抵触し、社会教化的側面が強くなる問題性を抱えている。

（4）社会教育施設職員の非正規職化

　近年は自治体の財政事情の悪化の中で、教育施設の統廃合や縮小に踏み切

る自治体も少なくない。事業費の経費削減と併行して人件費削減を視野に入れながら、定年退職者や中途離職者で生じた欠員ポストの補充を行わないで嘱託・非常勤専門職員や臨時事務職員で埋める場合が見られる。つまり正規採用を抑制して非正規職員へと雇用形態を転換することとなる。その結果、見せかけ上は職員定数が増加したように見えるとしても、これまでの正規職員が行ってきた住民・利用者への公共サービスを維持するために、正規職員並みの勤務状態を維持することが求められ、時間外労働をいわゆる「サービス残業」として行わざるを得なくなり、労働環境は悪化することになる。また、職場内の職員の階層化を生み出し、低賃金で働ける若年労働者が多くなることで年齢層の配分バランスを欠いた職場環境となり、さらに非正規職員となれば職員研修の機会も制限されるか喪失することになる。それによって職業的専門水準の低下を招き、住民に対するサービスが低下することも懸念される。

　そうした点で、社会教育施設の充実を図る上でこうした問題への対応が問われているのである。

（5）社会教育職員養成と専門性

　社会教育施設にとって職員が果たす役割は少なくはない。広く社会教育の仕事を見渡すと職員の仕事内容は、講座や講演会の企画や運営など事業に関することばかりではない。広く市民の継続的な学習活動を支える対人援助的職務である学習支援に関わる仕事が日常的に住民と接する現場では必要とされる。社会教育職員の専門性をより深めていく点からこれまでも課題とされてきていた。

　現在、社会教育専門職の任採用に必要な資格として社会教育主事、図書館司書、博物館学芸員の資格が想定されている。しかし、もともと社会教育主事の資格は、教育委員会事務局で働く社会教育行政職に必要とされる資格という側面が強くあった。本来はより住民の学習活動に接することの多い公民館主事の資格が社会教育主事の資格とは別に必要とされ、かつては制度化を求める声が現場から上がることもあった。しかし、なかなか実現に至らないできたのが実情である。社会教育・生涯学習に関する民間資格はあまた存在し、スポーツやレクリエーションの分野ではインストラクターの指導者認定

資格は民間資格としてある。

　生涯学習の時代を迎えて、学習への要求が高まり誰もが学習活動に参加する機会が増すようになる中で、学習支援に関わる高度な専門性を有した新たな社会教育・生涯学習関連職員の資格制度を求めて模索がなされはじめている。

　その一例として、日本社会教育学会の取り組みが挙げられる。ここでの新しい専門職のイメージは、地域や職場など集団なり組織なりに〈学びあうコミュニティ〉を見出したり、あるいは〈学びあうコミュニティ〉へと創りかえたりする学習過程の展開を支えるコーディネーター役ということになる。以前より社会教育主事の専門性をめぐって学習を組織するコーディネーター機能が求められてきた。しかし、ここでは自治体教育行政内における活躍だけでなく、広く一般行政やNPOなど民間組織においても活躍が期待できる汎用性をもった専門性を有する専門職として提起されてきている[19]。また、学習コミュニティと他の学習コミュニティをつなぎ、学習ネットワークを創り出す役割も期待されている。そして、そのために必要な職員養成のあり方や現職研修の仕組みを探求することが必要となっている。このような大学等の研究機関と現場を往還する養成・研修システムの構築という新しい組織づくりに向けた取り組みを通じて、閉塞しがちな社会教育の現状を少しでも打開していくことが期待される。

19　日本社会教育学会編『学びあうコミュニティを培う―社会教育が提案する新しい専門職像』東洋館出版社、2009年、pp.133-201

参考文献
宮原誠一『宮原誠一教育論集』国土社、1977年
自由大学研究会編『自由大学運動と現代』信州白樺、1983年
寺中作雄『社会教育法解説・公民館の建設』国土社、1995年
小川徹・山口源治郎『図書館史』教育史料出版会、1998年
P.フェデリーギ編、佐藤一子・三輪建二監訳『国際生涯学習キーワード事典』東洋館出版社、2001年
大槻宏樹編著『21世紀の生涯学習関係職員の展望』多賀出版、2002年
松田武雄『近代日本社会教育の成立』九州大学出版会、2004年
日本公民館学会編『公民館・コミュニティ施設ハンドブック』エイデル研究所、2006年
大串隆吉『社会教育入門』有信堂、2008年
木全力夫・平井康章『生涯学習概論（新版）』創価大学通信教育部、2011年
島田修一『社会教育の再定位をめざして』国土社、2013年
社会教育行政研究会編『社会教育行政読本』第一法規、2013年

2021年、わが国に初めて民衆によって信濃自由大学（後に上田自由大学）が創設されてから100年目を迎えている。今から100年前、信濃自由大学の創設を機に、自由大学運動が展開し、周辺各地に自由大学が次々と設立されていったのだった。1921年に信州・長野で生まれた自由大学運動を紹介し、自由大学運動の特徴を確認して、今日の社会教育のあり方を考える機会としたい。

1．自由大学運動の概要について

今から100年前に生まれている自由大学運動の価値は、現代の私たちにどのように伝えられているのだろうか。自由大学運動を理解するための足掛かりとして、現在出版されている辞典類を紐解いて自由大学運動の概要を把握することができる。まず、一般的な国語辞典には、「大正デモクラシー期の1920年代に展開された、各地の民衆・青年の自己教育運動。特に、土田杏村の指導による長野県の運動が有名で、21年（大正10）上田で信濃自由大学（24年上田自由大学と改称）を設立。昭和初期の農業恐慌の影響で終息。」（『広辞苑』第７版、岩波書店、2018年）と自由大学運動の概要が簡潔に記されている。また、教育学者の小川利夫は、「主として1920年代に展開された地域の民衆特に青年の自己教育運動であり、いわゆる大正デモクラシー運動の一環として注目される。」（『新教育学大事典』第4巻、第一法規、1990年）とあり、その後に土田杏村が起草した『信濃自由大学趣意書』に示された自由大学運動の理念が紹介されてある。また、歴史学者の山野晴雄は、「1920年代から1930年代の初めにかけて，長野県・新潟県を中心に全国各地で展開された，地域民衆の自己教育運動として知られている．近代日本の教育体系への根底的な批判に基づく新しい形態の民衆自己教育機関を創造しようとした運動であり，学問・教育を民衆の手に取りだそうとした運動でもあった．」（『社会教育・生涯学習辞典』、朝倉書店、2012年）とあり、その後に自由大学運動の歴史が記述されてある。以上から、以下で述べていく２つの点は、『信濃自由大学趣意書』に描かれた「自由大学運動の理念」とは何かと、「民衆の自己教育運動」とは何かという点である。

2．自由大学運動の理念とは何か

まず、自由大学運動の理念とは、①学問の中央集権的傾向を打破し、②生涯にわたり自学的に学ぶことができ、③社会人が労働しながら社会的創造に参画するために必要な、④民衆の社会的、自治的な社会教育施設である。ということになる。こうした時代背景には、明治期に制定された「学制」（1872年）によって官立の帝国大学に限られていた大学が、大正期に訪れた高等教育政策の拡充によって「大学令」（1918年）が制定され、公立や私

立の大学の設置がようやく認可されるという状況にあった。この大学令に基づいて官公私立の大学が次々と認可されたのであるが、大学の名称は国家に独占され、大学の目的は「大学ハ国家ニ須要ナル学術ノ理論及応用ヲ教授シ並其ノ蘊奥ヲ攻究スルヲ以テ目的トシ兼テ人格ノ陶冶及国家思想ノ涵養ニ留意スヘキモノトス」（第1条）とあり、学問が国家の下に管理され、大学は国家思想の涵養に留意すべき点が規定されていたのであった。この点から、当時から「学問の中央集権的傾向」が当時の正規大学には強かったのである。これを「打破し」ようと始まったのが自由大学運動ということになる。また、生涯にわたる自学的に学ぶ機関としての社会教育施設が前提にあり、今日の生涯学習の先駆けともなっている。大学の講習生に想定されていたのが学卒後の「社会人」であり、働くことと学ぶこととを並行しながら、ないしは労働と交互に学ぶことできる大学とされていた。当時は義務教育期間が6年であり、小学校を卒業すると社会人になるものがほとんどであり、青年層の多くは社会人となっていった。しかも自由大学では、学校のように卒業してから労働に従事するという卒業から就職の順序ではなく、働きながら学ぶことに価値が置かれ、そうして「社会的創造」に寄与することが目指されていた。そして、なにより自由大学運動が残した教訓としては、「教育の自由」、とりわけ「社会教育の自由」をどう理解し、実現するかという今日的な課題がある。

3．自由大学運動を支えた民衆の自己教育（運動）とは何か

　次に、「民衆の自己教育（運動）」とは何かという点である。自由大学運動を理解する際に、「自己教育（運動）」という考え方が鍵になる。小川によると、「自己教育」を「『自律教育』ともいわれるが、より広く社会的に、『労働者（階級）の自己教育』『国民の自己教育』さらに『自己教育運動』というような意味をふくんで用いられる場合も少なくない。いずれにしても自己教育における『自己』の意味づけと位置づけが、そこでは重要な意義をもち、今日なお論争を呼んでいる。」とあり、それは歴史的に自覚されたものであるという。現代的には「今日では生涯学習の見地から、その意味づけや位置づけをめぐって国際的な議論を呼んでいるのが注目される。」「自己教育の課題は、基本的人権の実現という人間的価値観の自己形成を基軸に据えなければ、開かれた展望を見出すことは困難だと考えられる。」と課題を提起している（『現代教育学事典』、労働旬報社、1988年）。また、社会教育学者の大槻宏樹は、自己教育を「必要条件として、教育者と学習者の二元論を否定することであり、十分条件として、自己と社会を弁証法的な関係性で捉え、自己実現と社会変革とを相互媒体として発展させる教育をさす．」と定義しながら、特に、自由大学運動の中で「土田杏村は、『教育の意義は自己教育』であり、『人間として生きることが自己教育』

であると指摘する．土田はここで教育＝被教育者の中で，相互的な他者への働きかけとして教育を位置づけている．同時に土田は国家の教育権からの自由の獲得という主張とともに，民衆の自己教育を軸として学校制度を包摂する公教育の再編を主張する．この社会教育の自由と学校体制再編の試みは現代の課題そのものである．」としている（前掲『社会教育・生涯学習辞典』）。

　これらから窺える「自己教育（運動）」とは何かというと、①「自己」の理解が重要であり、②民衆による教育運動を通して歴史的に自覚されてきたものであり、③基本的人権の実現とも関わってくる。また、④教育者と学習者の一元化によって把握し、⑤自己実現と社会変革を統一的に発展させる教育であり、⑥（土田杏村の自己教育の理解に注目すると）社会教育の自由と学校体制再編に向けた試みとなっていた、等々から、その輪郭をつかむようにしたい。

４．民衆の自己教育（運動）としての自由大学運動が問いかけるもの

　このように、戦前の大正期に生まれた「自由大学運動の理念」にしろ、自由大学運動の中で自覚された「自己教育（運動）」にしろ、民衆の自己教育（運動）としての自由大学運動が提起する課題の射程はとても広く、21世紀の現代の教育のあり方を問うているものと考えられる。この点から、当時の既存の高等教育機関であった「大学」（正規の学校教育）と、自由大学運動における「大学」（非正規の学校教育）を比較してみると、後者の自由大学は、前者のような入学や卒業のための試験制度はなく、卒業資格（学歴）を取得するための大学ではなかったということである。正規の大学で学ぶには当時から数多くの制約があった中で、民衆の教育的要求に基づいて民衆自身の力によって設けられ、高等教育の場である大学で学びたいという欲求を満たし、自身の成長や社会の発展の統一的な把握の下で、社会人が働きながら自由に学問に接近し、そこで学ぶことの喜びとともに、その学びを日々の生活や地域の自治の中に各自の判断で自由に活かすことを目的とした教育機関であったといえるだろう。

　なお、自由大学運動についてより深く知りたい場合は、近年の自由大学運動に関する図書として、下記のような参考文献がある。

参考文献
長島伸一『民衆の自己教育としての「自由大学」』梨の木舎、2022年3月

第3部
成人学習論の展開

　ここでは、とくに社会教育実践の中でとらえられてきたいくつかのキーワードをとりあげ、「学習とはなにか」ということをめぐって、考え方の枠組みとその転換点をあとづける。

　日本の民衆の意識を表す言葉として、「修業は一生」などのことわざがあり、生涯にわたって学び続けることを望ましい人間の生き方として伝えている。一方で日本の社会教育史を見ると、戦前の国民教化や戦争への動員のための社会教育など、国家による「教え込み」が国民を「草の根のファシズム」に向かわせたことが反省された。このため、戦後の社会教育法は国民が「あらゆる機会、あらゆる場所を利用して」学び得る社会をめざした。その後、日本の社会教育の実践を通して、共同学習や生活記録など、共同で「書く、読みあう、話しあう」方法が受け継がれてきた。

　今日いわれる「生涯教育」「生涯学習」という概念は、1970年代以降に日本に導入されたユネスコやOECDのレポート等における議論を受けており、成人後も発達が続くとする発達心理学の考え方や、社会全体が学習をめざす学習社会論とかかわって展開した。日本においてはそれらが政策主導で導入されてきた歴史がある。

　2000年代以降アメリカやカナダの成人学習論が日本で訳出されている。これらのなかでは、成人の成長や発達を個人の中で完結してとらえるのではなく、家族やコミュニティの中で役割を担い、自分と他者を変えていく姿がとらえられている。

（平川　景子）

第10章 社会教育の思想と実践の系譜

　本章では、まず戦前の社会教育の中で使われてきた教育・学習観にあたる言葉を概観し、つぎに戦後の社会教育実践の中で意味づけられてきた学習観について、実践とのかかわりにおいて検討する。

1 戦前の社会教育における教育・学習観

　戦後の社会教育は、戦前の社会教育の反省に立って始められた（第2部p.80参照）。社会教育法が「非権力的助長行政」という立場をとっているのはこのためである。では、戦前の社会教育の中の何が否定され、どのような新たな方向が目指されたのか。それを考えるために、ここでは戦前の教育観・学習観を示すいくつかのキーワードをとりあげる。

（1）啓蒙

　啓蒙とは、人間を無知蒙昧な状態から抜け出させ、自然や社会に対する明晰な判断力を持たせることをいう。人々が無知蒙昧な状態に置かれているのは、国王や教会が理性教育を忌避したためであるとして、啓蒙思想は近代公教育制度の論拠となった。しかし日本の近代化のなかで、「啓蒙」の名のもとに民衆に期待されたのは、自ら真理を発見する能力ではなく、真理として与えられたものを正しく受容する能力であり、そのための国民教育は国家の独占的事業と考えられた。

　日本では維新後の文明開化の時代に、国民啓蒙のための施設として書籍館[1]が、また殖産興業のために博覧会・博物館が設けられ、その後も、おもに西洋文化の移入において「啓蒙」の語が使われた。

1　しょじゃくかん。1872年につくられた日本最初の国立図書館。

戦前の国家と国民の関係を示す言葉として「施設」という言葉を挙げることができる。戦前の社会教育では「施設」という言葉を〈建物〉の意味ではなく、こんにちの〈事業〉の意味で使った。これは「施し設ける」の意味で、公教育が天皇から国民に与えられるものとする、慈恵的・「啓蒙」的な関係・意味づけを表している。

　教育史上、啓蒙とは、人間が理性と判断力を持って市民社会を形成していくという近代的な思想の要となる言葉であったにもかかわらず、国民国家形成の過程で国民は教育を受ける客体へと位置づけを変えられてしまった。国や自治体においては、とくに行政課題を住民に周知する際などに「啓蒙啓発事業」などの言葉が近年まで使われていた。このような学習のとらえ方については、国や自治体の行政という権力が意味づける「真理」を、被教育者が受け止めるという構造が批判されている。こんにちの行政と市民の関係においても、地域の課題を認識しているのは行政であり、市民・学習者はそれを学び・受け止める人であるという意識が存在し、これに対する批判がさまざまな分野から示されている。

（2）教化

　教化は、元来は仏教の言葉で「きょうげ」と読み、先覚者が衆生を善に転化させることを指し、江戸時代以降、社会秩序維持のための感化・徳化を意味する儒教用語として「きょうか」と読んだ。近代以降は、特定の政治権力や宗教的権威が行う「教え込み」としての教育を意味する。明治期に天皇制国家による人身統制としての「思想善導」のため、また昭和初期には社会主義・民主主義思想への危機感から、国民教化運動が展開した。このように、教化はナショナリズムの高揚期に、戦争などの国家目的に国民を向かわせることをめざして用いられた。

（3）修養

　修養は、中国の道家[2]の養生を指す言葉であったとされるが、江戸時代以降、儒教とかかわって、先哲の教えを手がかりに人の道を知ることを指した。明治期から昭和初期にかけて広く人格の陶冶[3]の意味で用いられ、例えば、二宮尊徳など理想とされる人間のあり方に自らを合わせていく学習観を示し

た。1910年代以降、組織化がすすめられた青年団や婦人会などは、「修養機関」と位置づけられていたが、エリートの「教養」主義に対する大衆の「修養」主義として図式化される。人々は「修養」をめざすなかで、知識教授の軽視、鍛練第一主義に傾き、戦時中は「総動員体制」に組み込まれていく。

（4）動員

　十五年戦争のなかで、教化総動員運動（1929年）や国民精神総動員運動（1937年）など、社会教育を通じて国民を戦争に動員する国家運動がすすめられた。たとえば、修養団体であった青年団や婦人会の活動から次第に「修養」の語は消え、1930年代後半からは戦争の拡大とともにその活動は「訓練」「練成」「動員」「銃後」など、その意味とあり方を変えていった。近代国民国家の形成過程では「教育」としてとらえられてきたことがらが、植民地支配と戦争の拡大の過程では、国家による思想統制と、草の根からの戦争参加を意味していくこととなった。

　戦後、憲法で平和国家建設と国民主権がめざされ、上記（1）～（4）のような教育観が示す国家による国民支配が否定された。戦前の教育観を示す言葉には近代以前に語源を持つものがあるが、近代国家の形成過程でその意味を変質させている。こんにち使われなくなった言葉もあるが、教育思想として現代に連続する面が指摘されることもある。

2　自由大学運動における自己教育と民主主義の概念

　日本の近代国民国家形成の過程で、社会教育は国家による民衆教化・思想善導として行われた。これに対して、社会教育史上特筆すべき民間教育運動として自由大学運動がある。（第2部コラムp.111参照）
　1920年代、長野県小県郡神川村の農村青年であった山越脩蔵・金井正ら

2　中国で老子や荘子の説を奉じた学者のこと。

3　陶器や鋳物をつくることから転じて、人の性質や能力を円満に育て上げること。

は、比較的裕福な蚕種農家の息子であったが、農民美術運動や青年団自主化運動にとりくみ、とくに当時大正デモクラシー運動の中で盛んになっていた普選運動を信濃の地で展開するため「信濃黎明会」（1920年）をつくるなどの活動をしていた。山越と金井が、第1回哲学講習会（1920年）の講師として土田杏村を招いたことから交流が始まり、農村青年らと杏村はたがいに影響しあいながら信濃自由大学が構想され、展開されていく。

　杏村が起草したとされる「信濃自由大学趣意書」（1921年）は、冒頭、次の言葉から始められている。

　　　「学問の中央集権的傾向を打破し、地方一般の民衆が其の産業に従事しつつ、自由に大学教育を受くる機会を得んが為に、総合長期の講座を開き、主として文化学的研究を為し、何人にも公開することを目的と致しますが、従来の夏季講習等に於ける如く断片短期的の研究となる事無く統一連続的の研究に努め、且つ開講時以外における会員の自学自習の指導にも関与する事を努めます。（中略）

　　　聴講生／講義を理解しうる各自の自信に信頼して、聴講生の資格に一切の制限をおかず、且つ男たる女たるを問いません。単に申込をもって聴講生の資格を得ます。」

　学問の場としての大学が「中央集権的」であることを鋭く批判し、自由大学は一般民衆が働きながら学び続けることをめざしたのである。入学には「一切の制限をおかず」学ぶ者の自己への信頼に依拠していたことからも、まさに民衆の自己教育としての学びであったことがわかる。また当時高等教育への進学を閉ざされていた女性に門戸を開いていることも、公平や平等といった近代市民社会の価値の追求といえよう。自由大学は信濃の地で、農閑期に講義を聴講し年間を通じて学生の自学自習を援助して行われた。土田杏村の「自由大学とは何か」という文章に次のような考え方が示されている。

　　　「我々の自由大学の理念なるものは、デモクラシイの前提及び目的となった教育の理念其のものに外ならぬ、自由大学の教育は、終生的の教育である。其れは各人の固有する能力を完全に個性的に成長せしむる教育であるから、教育が社会の何人かに独占せらるることを否定する、其れは本来社会的創造への参画を目的とするから、社会の労働を奪はず、却って其れの実現に参画しようと努める、其れは自己決定

的の教育なるが故に、其の方法に於て自学的であり、其の設備に於て自治的である。

　此くして自由大学とは、労働する社会人が、社会的創造へ協同して個性的に参画し得るために、学ぶことの出来る、社会的、自治的の社会設備だといふことが出来るのである。」[4]

　ここに示される「終生的の教育」が、のちの生涯教育論にはるかに先んじていることに驚かされる。杏村は「教育や学校の本来の形が成人教育」であって、学校教育はそのための準備段階と考えていた。また杏村は国家により独占され領導（indoctrination：教え込み）される教育を否定し、教育が「デモクラシイの前提」であること、人々が働きながら互いに学び続けることにより社会への参画を可能にしていくことを実現しようとしていた[5]。その後、信濃自由大学は上田自由大学と改称し、長野県内に信南自由大学（のち伊那自由大学）、上伊那自由大学、松本自由大学、新潟・群馬・福島にも自由大学がつくられた。しかし、同じ時期に官製的な夏期大学・成人学校がつくられ、一方で、長野県下で同時代に展開していた青年団自主化運動中の青年団員が拘束されるなどの状況の中、杏村の死により自由大学は消滅する。

　自由大学運動は、民衆の自己教育運動として、戦後の社会教育実践の思想においても大きな影響を及ぼしている。

3 戦後社会教育実践における学習観

（1）民主主義啓蒙とグループワーク

　第2次世界大戦後の占領政策においてCIE（中央情報教育局：GHQ連合国軍総司令部の部局）は日本の民主化、その重要な過程である総選挙における公民権の行使をめざして、民主主義の啓蒙をすすめた。社会教育では青年団

4　伊那自由大学『自由大学とは何か』1924年パンフレット、『自由大学研究』No.4、1976年再録

5　柳沢昌一「『自由大学の理念』の形成とその意義―民衆の自己教育運動における〈相互主体性〉の意識化―」『東京大学教育学部紀要』第23巻、1983年、pp.441-443

や婦人会の民主的運営が課題とされ、地方軍政部によりこれらの団体の指導が行われた。このときに、イギリスのセツルメント運動やアメリカの青少年教育で行われていたソーシャルワーク（社会事業）の方法論としての「グループワーク」が日本に紹介され、文部省が青少年教育の方法として全国に広めた。グループワークは、具体的には小集団におけるコミュニケーションや自己表現の活動（ディスカッション、レクリエーションなど）が行われ、一方的に講師の話を聞くだけではない学びのあり方が民主的な学びのあり方として紹介された。しかし、戦前の日本にすでに芽生えていた民主主義を育むものではなかったことから、占領軍によるアメリカン・デモクラシーの押しつけとならざるをえなかった側面が指摘されている。

（2）共同学習—共同で読み・書き・話しあう学習論
ロハ台のなかまたち—話し合いの記録

　「ロハ台」とは、板きれをよせ集めて作ったそまつなベンチのことである。1950年代に、埼玉県古川村の農村地帯で、農家の次三男たちが無料ベンチを作り、たまり場として集まるようになった。貧しい農家のくらしのなかでは、親と話すこともなく、「いそがしいときは使われ、ひまになると家のものからきらわれる次三男」たちが、ロハ台ではよみがえったように話し、笑いあった。この村の禅寺の一角で行われていた青年学級に、大学院生であった大田堯が講師として訪れるようになる。青年学級のメンバーはほぼロハ台に集う若者たちと重なっており、都会に働きに出る若者たちに対して、「居残り組」であり「ぼんくら」だと思われていた青年たちだった。

　寝そべったりこそこそ話したりしている青年学級の若者たちにたいして、大田は「なんでも話し合え、ほんねやよわねのはけるようななかま関係をつくることが、学習意欲をほりおこす」[6]と考え、辛抱づよくなかまの話を聞き、記録にとり、プリントにして、次の青年学級の時にこれを配ることを始めた。話し合いの記録をつくるには、土地の言葉で、表情や反応も書くようにして、しゃべれなかったものもその話し合いの中に位置づけるように心がけた。文字や活字と縁がないと思い込んでいた若者たちにとって、自分たち

6　大田堯「農村の学習運動」、大田堯編『日本の農村と教育』国土社、1957年、p.210

の言葉がプリントになることは驚きであり喜びでもあった。話し合いの記録は青年たち自身でつくられるようになり、詩や文を書くようにもなった。詩や文は「ロハ台」という文集にまとめられた。

　青年たちの関係は、先代に地主と小作の関係であったとか、家の格などのような、村の封建的な関係に縛られていた。村の有力者の息子であった義ちゃんは、なかまをまとめたり活動を進めたりする力を持っていたが、話し合いの記録のなかで義ちゃんの発言が問題となり、なかまから批判を受ける。青年たちは話し合いの記録を繰り返し読んで話し合った。大田はその問題に向けて次のように書いた。

　　　「いまのなかまたちは、これまで義ちゃんという指導者に頼りきっていたのだ。何でも義ちゃんが心配し、世話してくれるものと思って甘えていた。それがあたりまえのことで、世の中はすべて誰か特定の世話役、指導者がいて、それについていけばよいという考えがしみ込んでいたのだ（村の人たちのなかにもこういう考えがしみこんでいないだろうか）。そこで頼られる方、指導者と思われ世話役と思われるものは、みんなの気持を"つったり""さぐりを入れたり""俺がいなくては何もできまいと駄々をこねたりして"ひっぱっていかずにおれなくなるものだ。日本のような古い考えや仕組の残っている社会で、いま指導者だとか、世話役だとか、政治家だとか言われる人間は、多かれ少なかれこういう気分をもってくる。こう考えると、義ちゃんを批判しているなかまたちは、義ちゃんを批判することによって、自分たちの在り方にめざめているわけだ。」[7]

　青年たちが話し合っているのは、日々のくらしのなかの何気ない経験や、家族に対する気持ちなどである。青年たちのコミュニケーションは、青年学級での話し合いとロハ台を行き来して、たがいの考えを確かめ、深く考えていくことにつながっていった。関係を変えるということは、農村青年たちの小さな集団であっても、その社会と自己とのかかわりのあり方を問う意味を持つ。自分自身の経験と認識を話し合うこと、それを記録化し、読みあっていくことは、後述する共同学習や生活記録にも共通する、日本の社会教育実

---

[7]　同前、p.224

践に特徴的な方法論として継承されていく。

共同学習

　1950年代、青年団活動を中心に、青年たち自身が主体となる学習のあり方を追求した実践として共同学習がある。共同学習論は、占領期のグループワーク理論、中国の集団主義教育論、戦前の生活綴り方運動などの影響を受け、戦後の青年団活動のなかから生まれた学習論である。戦前、小学校卒業後の青年に対して、学校教育は限られたエリートにしか門戸を開かず、ノンエリートの青年は実業補習学校や青年訓練所などの社会教育で学ぶという、いわゆる「青年期の二重構造」と呼ばれる選別と分断があった。また戦争中は、青年団が戦争や植民地支配に青年を動員する機能を果たした。これらのことから、戦後の青年団活動において国家の押しつけではない自主的な活動が強く求められていく。

　戦後、社会教育において勤労青年教育制度をつくる目的で提案された青年学級振興法（1953年）について、日本青年団協議会は、1951年には法制化を求めたが、1952年には学校教育における「完全な中等教育」を要求する立場から、法制化により青年の自主性が阻害されるとして反対に転じた。とくに、青年たち自身による青年学級の申請開設だけでなく、自治体による職権開設が認められたことに強く反発した。

　こうしたなかで青年団活動における自主的な活動とは何かということが実践的に問われ、共同学習の実践と理論が展開した。共同学習論は、講師の話を聞くだけの受け身の学習を否定し、青年たちが自ら学習を計画し実行していくこと、青年たちの共同的な関係における自己教育・相互教育をめざした。

　　　「共同学習においては、学ぶものが主となるのであるから、当然青年の学習が中心となり、講師は、それに助言指導するのが本体となるべきである。しかし、多くの青年学級はその反対であって、教育内容も学習の計画もすべて講師がやってしまう。運営委員会に青年の代表が参加していないという場合さえも見られる。（中略）

　　　しかし、もう一度なぜ青年の学習が必要であったのかを思い出してもらいたい。青年達が最も学習する必要をもっていることは、自分

で計画を立てることであり、その計画を共同討議によって実践に移していくことであった。この一番大事な点を団や学級でやらないでおいて、もっと困難な現実の生活に立ち向かわせるのでは、教育という意味をなさないことになってしまう。

　実践的な能力は、自分で実践することによって育てられる。受動的に講師の講義を聴いているだけで知的な実践力がつくと思ったら大変な間違いである。」[8]

　これは共同学習論の理論的支柱となった『共同学習の手引』からの引用であるが、ここでは学習主体としての青年自身が学習を計画すること、受け身ではない実践的な力を育てることが目指されている。この本の中で紹介されている事例は、具体的には農業実態調査や農業の近代化、結婚式の簡素化などの生活改善運動などの取り組みであり、青年団などで共同的に、地域の問題、生活の問題を明らかにし、改善に向けて実践していくものであった。とくに、農村の封建的な家族関係は青年たちの暮らしや職業を縛るものであり、青年団活動において課題とされた。

　「生活問題について共同学習を進めて行くと、職業というものと不可分となり、職業ということになると、長男、二三男、女子はたがいに異なっているから、共通な学習は不可能だというのが分離論の基本にある考え方である。（中略）長男と二三男は将来の職業生活においては、明らかに異なっている。しかし、現実の生活としては、同じ農村生活の非合理性に苦しめられているのではないのだろうか。女子は家庭に重点がある。しかし、家庭の合理的な改善さえ出来ないということが、二三男がただの労働力として使われるという事実と無関係なことではない。

　こう考えて行くと、共通の問題がないどころではない。すべてが相関連のある共通の問題なのである。この共通の問題を、どこから始めてもよいが、すべての者が一緒になって考えるところに、解決の方法

8　吉田昇「共同学習の本質」、青年団研究所編『共同学習の手引』日本青年館、1954年、pp.11-12（小川利夫・寺崎昌男・平原春好編『日本現代教育基本文献叢書社会・生涯教育文献集Ⅱ15』日本図書センター、2000年所収）

も生まれてくる。女子の問題を女子だけで考えても、解決は出来ないし、二三男の問題を二三男だけが考えるのでは力が弱い。村の青年がみんなで力をあわせて一つの問題に取り組むことは、それがとりもなおさず自分の問題を解決する糸口でもあるはずだと思う。」[9]

この文章には封建的な家族制度を前提としている限界性も含まれているが、ここでは一人ひとりの問題を共通の課題としてとらえることをめざしている点に注目する。共同学習とは、青年・学習者自身の要求に根ざして、共通の問題を発見しその解決をめざす取り組みであった。こうした課題の共同化のために共同学習論では、多くとも15人までの小集団における共同の関係による学習を提唱した。このような「小集団学習」は青年が学習の主体となっていくための具体的な方法論であった。そして共同学習をとおして、地域社会や家庭に残存する封建制の抑圧からの解放と民主化、生活の合理化がめざされたのであり、生活と学習の結びつき、すなわち実践性が求められ、学習の結果よりも過程が重要であると考えられていった。

生活記録運動

1950年代、共同学習とともに、青年と婦人の学習として取り組まれたのが生活記録運動である。生活記録は、戦前、東北地方を中心に展開した子どもたちの生活綴方運動を継承して、青年・婦人の学習として取り組まれた。

以下にあげる山形県の若妻の生活記録からは、生活の中で経験したこと、感じたことを、ありのままに自分の言葉で作文に書くことに困難が伴うような、農村の封建的な人間関係があったことがわかる。

「ある若妻会員はこうかきました。

『…井戸から台所まで水を汲んでくるのは非常に大変です。わたしの家でも水道があればいい…』

それが文集に印刷されて部落の人々の目にふれました。それは部落のどこの家の『嫁』だということが文集にでている家庭的背景ですぐわかるわけです。すると、子守してお茶飲みにあるく婆さんたちがそのことをきいて、『あそこの家では大変だな』『あそこの家でも水道を

---

9 同前、pp.18-19

とればいいのになあ』ということを半ば同情的に語りあるくわけです
が、そうするとそれがいつのまにかその家の姑たちにも知れて、『そ
んなことかかんでくれ』ということになって、無署名で（若妻たちが
出している文集を見て下さい。たいがいは無署名です）こんなねがい
をかいただけで、家の中が面白くなくなるのなら、もう絶対にかかな
いということになってしまうのです。」[10]

　当時の農村の「嫁」であった女性たちにとって、封建的な家族制度の中で
問題を自覚し発言していくことがどれほど困難であったか、想像に難くない。
日々の暮らしのすべてを覆っている家族制度について、生活の中で感じたこ
とを「書く」行為は、予想もつかない波紋や批判を呼びおこしたが、その一
方で自分を見つめ、共同体の関係をとらえ直すために重要な意味をもったと
考えられる。「書く」ことによる人間関係のきしみは、現在でもSNSの中での
コミュニケーションがいじめや自殺をひき起こしていることを想い起こさせ
る。

　紡績工場で働く女性労働者たちもまた、生活記録に取り組んでいる。東亜
紡績泊工場（三重県）の女性労働者は、母についての作文を書き、たがいに
読みあい、話し合っていった。そして、繰り返し作文が書きなおされ、母の
世代の女性たちが生きてきた社会の仕組み─労働の搾取や封建的な家族関係
─が、自分たちの課題としてとらえ返されていく。農村の閉塞的な人間関係
や貧しさは、工場で働く女性たちにとって、故郷にいる「母」のすがたと重
なるものであった。女性労働者たちは、繰り返し作文を書きなおす中で、母
の生き方と自分たちの労働のあり方を歴史的にとらえなおしていく。この生
活記録運動にかかわった社会学者の鶴見和子は、次のように述べている。

　　　「文集『私の家』から『私のお母さん』へ、『私のお母さん』から『母の
　　　歴史』へ、『母の歴史』から『あたらしい愛情』にいたる道すじは、農
　　　村出身の紡績労働者が、農村解放のにない手としての、自分たちの歴
　　　史的な役割を自覚してゆく、意識と実践のめざましい発展の経路です。

10　植松要作「生活記録の新しい発展のために」、須藤克三「生活記録は歴史をつくる―山
　　形県農村青年の生活記録運動―」、戦後社会教育実践史刊行委員会『戦後社会教育実践
　　史第1巻　占領と戦後社会教育の抬頭』民衆社、1954年、p.112

せん維産業の労働者は、全般の産業とくらべて、賃金も低く、労働条件も悪いとされています。それは、一つには、そこで働く娘さんたちが、貧しい農村から出ているために、工場では、どんなにつらい条件でも、『家にいるよりはラクだ』という気持ちがあるかぎり、自分たちの条件をよくしてゆこうという気持になりにくいからだといわれています。（中略）他方娘さんたちは『結婚するなら、都会のサラリーマンのところにゆきたい』と、大方の人たちが考えています。つらい農村の労働から、逃避したい、という気持です。（中略）こうした一般の状態の中で、『母の歴史』をつくった娘さんたちは、あきらかに、ちがった方向をめざしています。（中略）

　この娘さんたちは、農村にかえって、将来農村のお嫁さんになり、お母さんになるわけです。そこで、お嫁さん、お母さんの立場から、農村をよくする働き手になるには、どうしたらいいか、というように、一般的な農村の貧困のもんだいから、具体的実践的な改革の問題を考えるようになったのです。よいお母さんになる方向を見出すために、まず、自分の母の生い立ちと、生活を、書いてみようというので、『私のお母さん』が生まれました。働く娘たちにとって、これまでの農村の母親は、おなじようにさくしゅされている労働者の仲間であると同時に、自分たちがけっしてそうなりたくないものの姿なのです。『私のお母さん』は、農村の母親に対する働く娘の絶大な同情と、積極的な否定のからみあった、もっとも美しく力強い文集です。（中略）

　『私のお母さん』の中では、具体的に、そして主観的に自分の母親の不幸な生涯が描かれていますが、『母の歴史』では、自分たちの母親たちを不幸にしたもの、その社会的な原因が、しだいに整理され、あきらかにされています。それは、たとえば、戦争による不幸、いくら働いてもラクにならない労働のしくみ、家族制度などからくる不幸です。」[11]
当時の紡績工場では、長時間労働や寮生活など厳しい労働条件で働かなければならなかったが、農村出身の女性労働者にとっていつまでも働き続けら

11　鶴見和子「『母の歴史』をつくった人たち―集団の中の人間の成長―」、木下順二・鶴見和子編『母の歴史』河出新書、1954年、pp.188-190

れる職場ではなく、結婚こそがその後の人生を決定するものであった。農村の封建的な家族関係の中に再び戻っていく女性たちは、男性とは異なる枠組みの中にあったのであり、むしろ彼女たちが否定してきた母親たちの生き方と結びついていた。「母の歴史」は、女性に対する抑圧的な状況が生まれる社会構造をとらえようとする意識を生み出していく。母たちは農村、自分たちは工場と、時代の変化とともに労働の場が変わったが、「母の歴史」を書き、なかまと読みあって考えることは、母の生き方に重ねて自分自身の生き方を考えることであった。このように、生活記録運動では書くこと、読んで話し合うことが積み重ねられていったが、それは自分の経験・認識を言葉にすること（言語化）、それらを交流し自分への問いを深めていく意味をも持っていた。

　共同学習論と生活記録運動における学習の方法と主体をめぐる認識は、その後の社会教育実践に大きな影響を与えた。小集団の中で生活の課題を話し合うこと、身近な出来事を作文に書くことなどは、1970年代以降の自分史学習、識字運動などに継承されていった。

　共同学習や生活記録運動における学習の特徴は、後述する松川町や国立市の学習などに継承されており、日本の社会教育実践の重要な系譜とみることができる。それらは、講師の話を聞くだけの「承り学習」ではない、学習者が自分の暮らしをとらえ返していく学びのありかた〈自主性・主体性〉、仲間同士の関係の〈共同性〉、実際に暮らしを変える力をめざす〈実践性〉などである。

（3）社会科学系統学習

　共同学習論は、すでに1955年ごろから「話し合いのマンネリ化」「書くことがなくなる」などの停滞が示されるようになった。この原因については、学習内容論としての社会科学の系統学習の欠落を指摘する見方[12]や、現実には共同学習に指導者が存在していたにもかかわらず指導者無用論となっていたという指導者論の欠落[13]といった指摘がある。

　共同学習論ののちの社会教育実践において、「政治学習と生産学習の結合」

12　藤岡貞彦『社会教育実践と民衆意識』草土文化、1977年、pp.141-142

をめざすものとして、信濃生産大学をはじめとする生産大学・農民大学・労働大学等の社会科学系統学習が展開した。また、社会教育職員の役割を職員自身が表明した「公民館主事の性格と役割」(「下伊那テーゼ」)[14]、公民館の役割を示した東京都教育庁社会教育部「新しい公民館像をめざして」(「三多摩テーゼ」)[15]においても、社会科学の系統的な学習が求められている。

都市型の公民館像を示した「三多摩テーゼ」では、その前段階の議論として、「公民館三階建論」[16]が考えられていた。これは「一階では、体育・レクリエーションまたは、社交を主とした諸活動が行われ、二階では、グループ・サークルの集団的な学習・文化活動が行われる。そして、三階では、社会科学や自然科学についての基礎講座や現代史の学習について講座が系統的に行われる」という構想である。ここで示されるのは、個人の交流(1階)→集団的な学習(2階)→社会科学・自然科学の学習(3階)という、下から上への階層を持つ構造であり、人々の生活の中から生まれる認識が下位に、「学」としてつくられた知見が上位に置かれている。

このような社会科学系統学習の実践においては、多くの科学分野の中でマルクス主義経済学・歴史学などの「社会科学」が学ばれる学問の系統として位置づけられている。系統学習とは、体系的な教材として組織された科学・技術・芸術などの人類の文化遺産を、その体系に沿って系統的に学習することを指し、戦後の学校教育における経験学習・問題解決学習への批判として示された。

「1960年代の初頭、共同学習論がかつて課題としたいえ・むら・仲間の問題は、いまや青年にとって日本経済(構造政策)と政治(安保体制)の問題に置換されねばならなくなっていた。学習課題の転換こそが、学

---

13 矢口悦子「『共同学習』論提唱への歩み―山形県連合青年団を事例として―」、社会教育基礎理論研究会編『叢書生涯学習Ⅱ社会教育実践の展開』雄松堂出版、1990年、pp.70-72

14 下伊那主事会「公民館主事の性格と役割」、小川利夫編『現代公民館論』東洋館出版社1965年、pp.176-187

15 東京都公民館資料作成委員会作成「新しい公民館像をめざして」、東京都教育庁社会教育部発行(『日本現代教育基本文献叢書社会・生涯教育文献集V50』日本図書センター、2001年再録)

16 徳永功「公民館活動の可能性と限界」、小川利夫編『現代公民館論』東洋館出版社、1965年、p.112

習の方法の転換を迫ったのであり、対象が方法を決定したのである。」[17]

　ここでは、学習者の生活の現実や主体としての問題意識よりも、時代状況としての経済と政治の変動が優先され、社会科学が系統的に学ばれるべき課題として措定され、学習課題が学習のあり方（内容・方法）を決定するものとしてとらえられている。この時期の学習論は、共同学習の時代の学習過程論から転じて、学習課題論を中心に展開しているとみることができる。

（4）長期にわたる実践の記録化

　1970〜80年代、長期にわたる学習・実践を記録し、それを公刊する社会教育実践が展開した。国立市公民館（東京都）の保育室活動と、松川町（長野県）の健康学習である。これらの実践では、学習者が共同的・相互的な関係の中で学びあっていくこと、その数十年に及ぶ実践の展開と、それを支える職員の働きかけを、学習記録から読み取ることができる。

国立市公民館保育室活動

　高度経済成長期、東京のベッドタウンであった国立市では、公民館の主催事業として、1965年、乳幼児を抱える20〜30歳代の「専業主婦」である女性が学ぶ「若いミセスの教室」が始まった。この講座では、公民館で学んでいた先輩の女性たちが保育者となり子どもたちをあずかる託児が行われ、その後、市議会への請願により公民館に保育室が設置された。1974年から、保育室に子どもをあずけている人、あずかる保育者、公民館職員、さらに保育室に関心を持つ市民により、保育室運営会議における学習が始まり、講座と自主グループの活動とともに、公民館保育室活動が展開した。

　　「各地の公民館や婦人会館に保育室を置くことが急速に普及しています。また各種の集会や催しでも子どもをあずかるようになってきています。美容院や自動車教習所でも子どもをあずかっています。（中略）一時的に子どもをあずかってくれる制度はおとなにとってはとても便利だけれど、当の子どもにとってと考えると、親の都合のままに連れまわされ、ふいに見知らぬところへあずけられ、不安定な体験を

17　藤岡貞彦『社会教育実践と民衆意識』草土文化、1977年、p.150

重ねるだけにならないでしょうか。（中略）女だけで子どもを育てている現実をますます固定化していくことにならないでしょうか。また、何をよりどころに「安心して」子どもをあずけるのでしょうか。（中略）私たちは、子どもをなおざりにして女がただらくになることだけを求めているのではないし、それを女の解放だなどとは思いません。（中略）長いあいだ縛られてきた母と子の閉鎖的な関係を開き、子どもも女も男も自由に自分を伸ばしながら互いによりよい関係を結びあっていけるような世の中をめざす道すじに立って、いまの事態をしっかり見つめなくてはと思います。」[18]

ここで描かれている一時的な保育について、当時から数十年を経た現在、より一層〈気軽に子どもをあずけられる〉状況が生まれていることを思うと、公民館における学習としての保育室活動の意味を、あらためて確認する意味があるだろう。子どもをあずけることを学習にしていく（「学習としての託児」）とは、どういうことだろうか。あずける経験をした学習者は、保育者とのやり取りから次のような認識の変化を経験し、共同の学びとしている。

「たとえば、時間を守るというようなあずける上での約束事についてのとらえ方が、ずいぶん変わっていきました。それまでももちろん私たちは、時間は守らなくちゃと思っていました。（中略）でも保育者から『遅刻をすると、お母さん自身が気がせいていてつい子どもを押しこむようにしがちで、子どもの気持ちが中途半端なままお母さんに置き去られることになるし、もうすでに遊び始めている他の子どもたちの中に入っていくのに気おくれがして、とてもかわいそうですよ。そして、そういう最初のつまずきが二時間中尾をひくことがあるんですよ』と伝えらえられてはっとしました。

遅刻は保育者に対してすまないことで気がひけることだとは思っても、そういうふうに子ども自身にとって影響の大きい問題だとは思いもしなかったのです。」[19]

さらに、遅刻は遅れてきた子にとってだけでなく、先に遊んでいた子にとっ

18　国立市公民館保育室運営会議編『子どもをあずける―子どもを育てながら自分を育てるために―』未来社、1979年、pp.7-9

ても遊びを中断されたり、まだ来ない子のことが気になって遊びに気持ちが入らなかったりと影響があることを保育者から伝えられ、子ども同士の関係へとあずける側の意識が広がっていく。このように子どもをあずけることを学習にするということは、保育者に受け入れられるために「正しいあずけ方」を学ぶのではなく、あずける―あずかる営みを具体的に話し合い確かめることをとおして、おとなも子どもも人との関係の中で育つことを学んでいくことであった。

　そして、「子どもをあずける」行為そのものが、あずける母親の意識をも問いなおしていく。レポートや話し合いをつうじて、「子どもが泣くのにあずけていてよいのか」「子どもをあずけてまで何をしようとしているのか」「私個人のために税金を使っていいのだろうか」など、「あずける」ことをめぐって母親が感じる〈うしろめたさ〉は、たんなる個人的な感情ではなく、性別役割分業や密室育児などの現実が示すとおり、社会全体に「子育ては母親の役割」とする意識があることから生まれるものであるととらえ直されていく。このように、個人の問題と考えられていたことを公共的な視点・女性問題の視点からとらえ直していくことで、公民館保育室はつぎのように意味づけ直される。

　　　「公民館保育室は、ただ母親を身軽にするための子ども一時あずかり所ではない。私たち女が基本的人権をいかに奪われているか、その状況を照らし出し、いまの母と子のあり方のゆがみを見つめさせる場であり、母も子も仲間とともに育つ喜びを知る場であること。そして何よりも、子どものために母親が不当に我慢したり、母親のために子どもが一方的に犠牲になるのではなく、どちらもともに育っていくことができるのだと知らせてくれるところである」[20]

　公民館保育室は、子育て中の母親の学習機会を保障するためのたんなる条件整備や、私的な問題解決の場ではなく、おとなも子どもも、仲間とのかかわりの中で主体性を育てていく、公共的な学びの場ととらえ直され、発信さ

19　国立市公民館保育室運営会議編『子どもを育て自分を育てる―国立市公民館「保育室だより」の実践―』未来社、1985年、pp.51-52

20　前掲『子どもをあずける』、p.142

れている。

　また、保育室活動においては、共同で書くことが意識的にとりくまれている。

　　　「文章は、グループとして書くときはもちろん、個人が書くときも、
　　　たいてい共同でつくっていく態勢が組まれます。下書きを読んでも
　　　らって話し合うことを度重ね、そのなかで文章の目的、問題のとらえ
　　　方が確かめられていったり、伝わり方の点検が繰り返されます。あの
　　　人が書き手になるのなら誰と話し合ったらいいか、こういう問題だっ
　　　たら誰がどう援助できるか、運営委員が中心になってさまざまに人材
　　　が生かされていくのもこの時です。（中略）自分一人で書いていたら
　　　もっともっと前の段階で『できた』ことにしてしまっていただろうも
　　　のも、『共同で書く』ことによってつきつめることができたり、もの
　　　の見方を広げることができたり、それまでは自分自身も知らなかった
　　　力を引き出すことになっていきます。」[21]

　共同で書くことは、当然、読みあう行為を含んでいる。共同で書くこと、
読みあうことは、学習者が自らのくらしの中の問題をとらえてその認識を言
語化すること、他者とのかかわりの中で認識の変化を自覚しその過程を描き
出していくことを意味している。このような〈学習の記録化〉の取り組みは、
共同学習と生活記録運動における学習観と学習方法論を継承し、実践的に深
化させていく意味をもち、〈学習の記録〉は国立市公民館の保育室活動におい
て学びあうメンバーが認識を深めていく重要な方法となった。また、国立市
公民館の保育室活動については、学習記録が書籍として公刊されたことによ
り、税金を使い公教育として行われた学習について、学びのプロセスを含め
て公論空間に問いかけている点で、公共的な認識の広がりと深まりが示され
ている。

松川町の健康学習

　松川町（長野県）では、1960年代の婦人学級の活動を経て、部落婦人会がく
らしのなかで学びあうつながりをつくっていた。次にあげる事例は、その後長
く豊かに続けられる松川町の健康学習の最初となった農薬問題の学習である。

21　前掲『子どもを育て自分を育てる』、pp.295-296

1970年代、りんごと梨を中心に果樹栽培がさかんな松川町において、真夏の炎天下に農薬散布をしていた作業員が激しいおう吐やめまいを訴え、病院に担ぎ込まれるということがおこった。これをきっかけに、農薬が家族の健康を脅かしているのではないかと感じた若妻会（わかづまかい）の女性たちが、婦人集会に提出する討議テーマとして農薬問題を取り上げたいと考えた。

　　「公民館主事に相談して普及所（引用注：農業改良普及所）を訪れたのですが、そこで農薬を扱う人々の健康管理は今の所特別な対策は講じられていないという事実にぶつかりました。防衣については（中略）全く不十分なため農協を訪れました。しかし農協でもその対策はないということでした。そこで何とかして若妻会で、この問題をとりあげようと提案したところ農協や地域の男の人たちから『そんな問題を大きく取り上げればオペレーター（引用注：農薬散布作業の従事者）になる人がなくなり防除組合がめちゃめちゃになる』『昨年総合病院で何人か見てもらったところ異常はなかったのだから』という声が出され農協はその問題をとりあげることをしぶったのです。」[22]

　農協や地域の男性たちは農業の基盤を作りあげてきた人たちであり、そうした立場の人には若妻会の女性たちが家族の健康を不安に感じていることは受けとめられなかった。若妻会のメンバーは公民館主事と相談し、①実態調査を行うこと、②農業改良普及員や保健婦[23]など専門家に相談すること、③婦人集会に提案すること、を話し合った。

　そしてオペレーターへのアンケート調査の結果、目の痛みや充血、皮膚のかぶれや頭痛などの自覚症状があり、農薬散布した日は酒の酔いが早いことなどがわかり、肝機能への影響があるのではないかと考えるようになった。さらに、実際に合羽や作業衣を着たり洗濯したりする実験を行い、防除に適切なものがないことを確かめ、この実験について婦人集会で発表した。また「農薬と健康」について研究者の講演の機会をもち、オペレーターにも講演を聞くよう勧めた。さらに防除組合や農協に働きかけ、肝機能調査や農薬カ

22　松下拡『健康問題と住民の組織活動―松川町における健康学習―』勁草書房、1981年、p.18

23　2001年の保健師助産師看護師法改正により保健婦という職名は保健師に変更されているが、本論ではそれぞれの学習の場面で用いられていた名称をつかっている。

レンダー作成などを実現していく。肝機能調査では隣接市に比べあきらかに
異常率が高くあらわれ、さらに農薬問題を考え続けていくことになる。

　この時の公民館主事であった松下拡は、若妻会のメンバーについて、彼女
たちの活動を次のように意味づけている。

　　「(引用注：農薬問題は) 他から与えられた課題ではなく、住民 (個人)
　の日常生活における不安感から出発して、生産活動を見つめながら、
　自分たちの力量で実態を明らかにして健康を阻害する要因を洗い出し、
　そこに健康問題をすえるという主体的な実践の姿を示したのである。

　　そしてこの姿勢は、主体的であり、内容的に共同生産活動の中に問
　題をとらえているが故にねばり強く地域に実践の組織を定着させた。
　またその姿勢と問題発見の視点を、婦人集会という地域全体の連携
　の場に提起し、それにこたえて響きあった地域住民の姿勢の確かさに
　も感動的なものがある。この実践はやがてその後地域で展開され始め
　た、多くの実践を生み出す導火線の口火となった。」[24]

　生活のなかの問題をとらえるということは、すでにある地域の人間関係
と無関係ではありえない。1950年代の生活記録の中から読み取られる農家
の「嫁」の位置 (本書p.124参照) を思うと、1970年代になっても封建的な家
族関係や農業生産にかかわる経済的・社会的な関係の中で、結婚により新し
い土地に移ってきた若い女性が、農薬問題について発言することは容易でな
かったと思われる。しかし松下はむしろ「結婚してはじめて農業を知り、ま
だその中にどっぷりとつかってしまわない彼女等の新鮮な感覚が、そこでの
矛盾を矛盾としてとらえ、声に出して考えることができたのかもしれない」[25]
として、積極的にとらえている。

　そのようにねばり強く矛盾を訴えていった若妻会の学習は「実態把握」を
繰り返し行っていることに特徴がある。専門家の意見を聴きながらも、鵜呑
みにするのではなく、アンケート・合羽の実験・肝機能調査などをつうじて
生活の現実を確かめ、自分たちの認識の枠組みを問い直し、地域の人々に問

24　前掲『健康問題と住民の組織活動』、p.42

25　同前、p.34

題提起をしていく。松川町の健康学習においては、継続して住民自身による「実態把握」をもとにした学習が展開している。

　この「実態把握」の取り組みを含め、松川町の健康学習では、保健婦が学習を支援する役割を果たしている。たとえば、『住民の学習と公民館』のなかでは、「農繁期の食事づくりと休息問題へのとりくみ」の学習がどのように展開したか、2年間にわたる活動の経過が描き出されている。その中では、住民の発言が保健婦によって受け止められ、住民のくらしを映し出す言葉として記録されている。（発言者は一人ではない）

　　　「昼は子供がいない。兼業の場合は主人もいない。従って自分だけだととくに簡単にしてしまう。（中略）料理を作れないのは何故か。夫が一緒について（引用注：畑から）あがってくる。茶碗にごはんももらずに坐っておる。見えるところに坐っておるとよけいにあせる。」[26]

農繁期の忙しい作業の合間に、妻は先に自宅にかえって昼食を作ろうとするが、夫が一緒に帰宅してしまい、かといって一緒に食事をつくるわけでもなくただ坐っているので、あせって作らざるを得ないという現実であり、ここには農家の生活と夫婦の関係（性別役割分業）が凝縮してあらわされている。農家の食事の問題を考えることから、家族関係のあり方が浮かび上がってくる。

　また、「学習をリードした支部長の発言（果樹農家の主婦46歳）」は次のようであった。

　　　「五、六十に近いおばさんたちは、じわっと思うことはあるわけ、でもそれをうまく言えんわけ、それをうまくひっぱり出してくれるのが保健婦や公民館の主事さん、そしてな、ひとつひとつ『うんうん』ってあいづちうってくれるわけ、（中略）常言わんようなおばさんたちが、うんとしゃべって、常言わんようなことを言ったことを、うんと感動して聞いてくれる保健婦さんをみると、リーダーになった立場でも、ああいうことは大事だと思う。」[27]

　学習を支援する役割において、保健婦と公民館主事が相づちを打って聴き取っている姿を住民がとらえて「リーダーになった立場でも、ああいうことは

26　松下拡『住民の学習と公民館』勁草書房、1983年、pp.137-138
27　同前、p.142

大事だと思う」と受け止めている。農村に限らず、一般に男性に比べて女性は社会的な発言を求められることが少ない。けれども長い年月、くらしを紡いできた中で「じわっと思うこと」、すなわち生活者の視点をもっている。学習者の中にあることばを引き出そうとする支援者の働きは、そのような生活者の視点を大切に受け止める認識に支えられている。学習者は啓蒙の対象ではなく、日々のくらしの中で経験と認識を積み重ねている人なのであり、経験の中から生まれる疑問や価値観をとらえなおすことから学習が展開していく。

　このように、住民の生活の実態をていねいに聴き取り、受け止めて、保健婦が健康教室の実践を展開していくのであるが、そうした学習支援者としての保健婦の力量もまた、学習によって形成されている。具体的には、栄養士・保健婦・公民館主事（松下）によって構成する健康研究会で健康教室の実践分析が行われ、その話し合いの記録―すなわち栄養士・保健婦・公民館主事が実践をどうとらえていたかという認識―が示されている。その冒頭、1年間に10回行った健康教室の結果、住民は食生活を変えることができないでいることをK保健婦が問題と受け止めている。

　　「何かこう、塩分だ、糖分だっちゅう形ではいって行くと、私は、何だか、枝葉の部分で、あの私たちがやったお膳立ての中でね、塩分なら塩分のことで学習するけど、自分が問題だ、と思ってない時に学習してるっていう感じがしたの。自分が塩分が問題だと、本当に思って学習しているのか、本当に自分が糖分だと思って学習してるのかっていうことにも疑問が出たわけよ。私たちでも塩分は問題だ、糖分は問題だ、バランスがとれてないっていう形で、やっぱり決めつけたカリキュラムじゃないかと思ったわけ、でそれじゃ全部排除してみんなに問い直してみた時に出てくるかどうか、その中でカリキュラムを立ててみたらどうかなあって思ったわけ。」[28]

　医療の分野において医師－看護師－患者にはヒエラルキーがあり、健康や医療にかかわる知見は、医師・看護師などの医療者から、一方的に患者に告げられる。また患者が抱える社会的な関係が考慮されないことも少なくない。このように、患者が客体化されている現実では、主体的な学習はほとん

28　同前、p.147

ど不可能であり、患者は医療者の言葉を聞かされる立場におかれてしまう。

こうした構造のなかで、K保健婦は学習が主体的でない現実を、学習者の側の問題としてではなく、保健婦の講座の企画のあり方の問題としてとらえ、住民自身がカリキュラムを作る支援ができないかと問題をとらえる枠組みを展開させている。健康教室の学習の展開と、健康研究会の実践分析は並行して行われており、まさに「実践の中で『学習』を考える」（ショーンの「reflection on action」本書p.155参照）ことをとおして住民の学びが深くなることと、健康研究会のふりかえりを通してそのための力を職員（保健婦）がつけていくことが連動して展開している。

学習にかかわるスタッフによる健康研究会の話し合いのなかでは、住民が自らの生活をとらえている表現、そのような実態把握を引き出している保健婦のかかわり、さらに保健婦自身が学習の展開をとらえ直していくプロセス、というように、実践が多様な側面から描き出され、異なる視点から繰り返し分析されていく。住民の学習を保健婦が記録し、健康研究会で検証し、さらに学習を組織し支援していく、というように、保健婦の学習支援者としての学びがらせんを描くように展開している。

松下は退職後、各地の保健師の学習にかかわり、実際の健康学習の事例を分析して、住民の学習と保健婦の役割を次のようにとらえている。

「主体的な学習とは、自らの実態を直視し、自らが自分の実態を把握するところに成り立つものであることを確認し、その学習を土台としてこそ、組織活動の自主性が芽生えてくるものであると考えたい。そして、その学習を援助する者の専門性は、学習主体である住民の実態を把握することの鋭さ、住民の声や思いを鋭く的確にキャッチできることがその中核をなすものである。（中略）公衆衛生の中核的な役割をにない、その最前線で住民とともに取り組んでいる保健婦は、疾病の改善や予防活動の具体的（数的に表れてくる）効果のみを評価の観点にすえるのでなく、その医療的な発想と同時に、さらにその前面に、従来の啓蒙的発想の枠をはずして本人の学習を支えようとする教育的な発想を持つことが求められているといえる。

同じ高血圧の値を見ても保健婦は『問題だ』とするが、当の本人は問題としていない、というこのちがい―この意識の隔たりをどのように埋

めるかを考えなければならない。血圧の変化をみると同時に『血圧』の構造への理解を深めて、その理解（知識）を武器にして『自分の血圧』という『からだ』をみる力（視点）を持つような過程をつくることである。」[29]

　ここでは、住民が自らの健康への理解を深めるように働きかけることが保健婦に求められており、そのような学習を支援する立場の専門性の内実に「実態の把握」と「住民の声や思い」を受け止めることがあるとしている。

　このような松下の認識は、医療や公衆衛生の分野で、専門家としての医師や保健師・看護師の認識がまずあって、それを患者や住民が学ぶという「啓蒙的発想」が起こりがちであることに対して、人々の生活の実態にそくして、学習者の主体性を形成していくこと（「教育的発想」）を中心に据えた学習支援のあり方を示すものであるといえる。

29　松下拡『健康学習とその展開—保健婦活動における住民の学習への援助—』勁草書房、1990年、p.119

第11章 生涯学習論と学習権宣言

　1970年代以降、ユネスコ等の国際機関から生涯教育・生涯学習にかかわるレポートが出された。ここでは、これらの論の展開と背景をあとづけ、日本の学習論への影響について考察する。

1 生涯発達と自己決定

　1969年、ユネスコの成人教育課長であったポール・ラングランが、「生涯教育とは（Perspectives in lifelong education）」[30] というレポートを書いたのが、「生涯教育」という語の初めである。ラングランの生涯教育論のいくつかの論点について考察する。

（1）ラングランの生涯教育論
生涯にわたる教育・発達

　ラングランは、〈子ども〉と〈おとな〉、〈準備や訓練のための時期〉と〈社会の中で役割を果たす時期〉に、人生を二つに分ける考え方を否定した。このように、子ども時代はおとなになるための準備期間ではなく、子ども時代には子どもにしかできない経験をするべきだという考え方はルソーやデューイの思想を受け継ぐものである。

　また、ラングランをはじめとする「生涯にわたる発達」という考え方は、エリクソンのライフサイクル論、ハヴィガーストの発達課題論などの発達心理学にもとづくものと考えられている。これらは、幼児期・児童期・青年期・成人期・高齢期のように、人は成人になったのちも発達を続けるという

---

30 ポール・ラングラン「生涯教育とは(Perspectives in lifelong education)」（1969年）、白石正明・中島智枝子編『増補生涯学習・人権教育基本資料』阿吽社、pp.58-65

考え方に立つものである。エリクソンの「ライフサイクル論」（本書第1部pp.55-59参照）の特徴としては、先行するライフステージが次のライフステージの準備の期間になっていること、子育てや老いなど世代のサイクルが組み込まれていることが指摘できる。つまり、成長・発達は個人の中で完結するものではなく、家族をつくりケアの必要な他者とのかかわったり、職業につき社会の公共性を担うこととともに、個人の意識の形成が描き出されている。一方、ハヴィガーストの「発達課題論」（同pp.54-55参照）では、各発達段階の中の発達課題が構造化されておらず、個別の能力の獲得を発達ととらえていたため、世代ごとに設定された課題をこなしていくことが望ましい「発達」であるかのような認識が生まれた。日本において行政主導で導入された生涯教育論・生涯学習論は、ハヴィガーストを援用していたことが指摘されており、そのため年齢や世代ごとに輪切りにし課題を設定するライフサイクル論が用いられることが多かった。

「統合」概念と学校教育を含む改革の構想

生涯教育論の鍵概念として「統合」があり、生まれてから死ぬまでの各時期の教育を関連づけることを垂直的統合、社会におけるあらゆる教育機会を関連づけることを水平的統合という。この考え方に立てば、当然、学校教育は生涯教育の一部であるので、生涯教育をめざす社会の形成にむけては学校教育制度の変革を避けられない。しかし、日本の自治体政策では、「学校教育課」と「生涯学習課」が並んで設置されたように、既存の学校教育を除く概念として生涯教育・生涯学習を論ずることが少なくなかった。

「個性」

ラングランは、学校教育が一定の年限にわたって行われ一定の年齢で終了しており、人間がさまざまなリズムで発達することに対応していないとして「個性を顕現するための教育」を求めた。しかし、日本の臨時教育審議会以降の生涯学習政策では、「個性」という言葉が能力主義や受益者負担の論理に関連づけられていった。

「適応性」

ラングランは、生涯教育における職業教育の必要性について認めながらも、「一般教育と職業教育の統合」[31]という表現で、職業教育だけに傾斜することを避けている。他方で、社会の変化に伴う労働者の再教育にふれ、「変化を積極的に受け入れる」[32]ことを「現代精神の進歩」として積極的にとらえている。ラングランは産業構造の変化を社会の進歩としてとらえ、変化への適応を生涯教育論として説いた。この論理は、日本では1980年代後半の臨時教育審議会答申などに現れるように、雇用の流動化に対応する労働者の再教育としての生涯学習論として展開する。

ラングランの生涯教育論、ハッチンスの学習社会論[33]、ユネスコにおけるフォール・レポート[34]などは、人間の全人格的発達と社会の価値の転換をめざしたが、予定調和的な未来社会論としての限界も示していた。

（2）ジェルピの生涯教育論

エットーレ・ジェルピは、イタリアの南部で成人教育の指導者として、またイタリア労働総同盟での指導者としても活動し、ユネスコでラングランの後任となった。ジェルピの生涯教育論[35]においては「生涯教育は政治的に中立ではない」。生涯教育の政策には「変化に民衆を適応させる」教育のあり方と、教育の目的、内容、方法への個人の統制（コントロール）を意味する「自己決定学習」がある。国家間の搾取や、都市と農村、社会階級、男性と女性、中心部と周辺部などの矛盾が存在することを前提とし、自己決定学習はそうした制度の変革に向かうものであるとした。

ラングランとジェルピはユネスコで各国の生涯教育政策を比較研究する立場であったので、両者とも学習のプロセスよりも成人教育の制度論が中心で

---

31 P. ラングラン「生涯教育の範囲、目標及び内容」、新井郁男編集・解説『現代のエスプリ／ラーニング・ソサエティ』No.146、至文堂、1979年、p.122

32 P. ラングラン『生涯教育入門』全日本社会教育連合会、1984年、p.11

33 ハッチンス「学習社会論」1968年、前掲『現代のエスプリ』所収、pp.22-33

34 教育開発国際委員会「完全な人間をめざして」1973年　同前、pp.34-46

35 エットーレ・ジェルピ『生涯教育―抑圧と解放の弁証法―』東京創元社、1983年　pp.17-18

ある。ジェルピが「変化への適応としての生涯教育」を否定したことは、ラングランの生涯教育論と異なって、社会の中にある差別・搾取・抑圧を見すえて、そうした社会の変革の力となる学習として「自己決定学習」を提起したといえる。

2 抑圧と解放

(1) フレイレの「対話（コミュニケーション）」

　パウロ・フレイレは、ブラジルの教育学者であり識字運動の指導者であった。多民族国家であるブラジルにおいて、フレイレは少数民族・非識字者・労働者などが置かれている抑圧状況を「沈黙の文化」と呼び、次のようにとらえている。

　　「沈黙の文化の中では、大衆は口を利かない。社会変革に創造的に参加することを禁じられており、したがってまた生きることも禁じられている（中略）。…生まれつき劣等なのだというかれら自身に関する神話をふくめて、この文化のつくり出すさまざまな神話に打ちのめされているために、世界に対する彼らの行動もまた変革力を備えていることに気づかない。かれらを包み込んでいる諸事実を構造的に認識できずにいるために、自分たちが声をあげられずにいること、自分たちの社会を社会・歴史的に変革する事業に意識的に参加する権利を行使できずにいることを、かれらは知らない。」[36]

　いいかえれば、フレイレにとって、「沈黙の文化」の中に生きることを強いられている人々が、世界を認識していくこと、変革の事業に意識的に参加していくことが、学習としての識字の意味である。人間の言葉はたんなる語彙ではなく、言葉による思考と行動が結びついた認識行為によって、世界を変革していくことが可能になる。識字運動へのかかわりをとおして、フレイレは、言葉と行動（word-and-action）が結びついた次元において認識という行為をとらえるのである。

　フレイレは、非人間化をもたらす教育としての「銀行型教育」を否定する。

36　パウロ・フレイレ『自由のための文化行動』亜紀書房、1984年、pp.22-23（傍点原文以下同）

「銀行型教育」では、教師は生徒に一方的に語りかけ、生徒は教師によって満たされるべき入れ物にされてしまうために、「預金を貯えようと一生懸命に勉強すればするほど、（中略）批判意識は、ますます衰え」「あるがままの世界に順応し、彼らに預け入れられる現実についての断片的な見方を受け入れるようになる」。これにたいして「課題提起教育」は、「一方的な語りかけ（コミュニケ）」ではなく「対話（コミュニケーション）」によって行われる。それは「認識対象が、認識行為の目的になるのではまったくなく、認識者——一方が教師で他方が生徒——を相互に媒介するような学習状況」を意味する。何を学んでいるかということが問題なのではなく、〈どのような関係の中で〉学んでいるかが問われるのであり、「課題提起教育」においては、教師と生徒は「批判的共同探究者」である。

　　　「『課題提起教育』において、人間は、世界のなかに、世界とともにあり、そしてそこで自分自身を発見する方法を、批判的に知覚する能力を発展させる。かれらは世界を静止した現実としてではなく、過程にある、変化しつつある現実としてみるようになる。」[37]

ここでいう「世界のなかに、世界とともに」ある存在をフレイレは「意識的存在」とよび、動物のように「世界のなかに」あって世界をつきはなして見つめることができない存在と区別する。この意味で「意識化とは、教育と同様に、すぐれて人間的な過程なのである」。世界を批判的に認識することにより、世界が立ち現われてくるのであり、それにより自己と世界の変革の可能性が生まれてくる。

　この「意識化」を可能にする批判的省察と探究のためには、認識する主体と、他の複数の認識主体とのあいだの「対話」が必要である。「『私は考える』ということを確立してくれるものが、『私たちは考える』ということなのであって、その逆ではない。」[38]

　フレイレの認識論において、認識は個人の知覚や思考をさすのではなく、「対話」と批判的な探求によって可能になる共同行為である。また認識は、思考と行動、省察と実践の弁証法的運動である。このような、関係性とダイ

37　パウロ・フレイレ『被抑圧者の教育学』亜紀書房、1979年、pp.66-69、p.80、p.87

38　パウロ・フレイレ『伝達か対話か—関係変革の教育学—』亜紀書房、1982年、pp.218-219

ナミズムの視点から認識をとらえることにより、社会変革とそれに向かう自己変革が展望されてくる。

（2）学習権宣言と日本における識字

　フレイレの実践と思想は広く支持され、ユネスコの国際成人教育会議で採択された学習権宣言（1985年）、国連総会で決議された国際識字年（1990年）など、国際的な取り組みに反映されていった。学習権宣言（巻末資料p.191参照）には、次のような文言がある。

　　　「学習権とは、

　　　読み書きの権利であり、

　　　問い続け、深く考える権利であり、

　　　想像し、創造する権利であり、

　　　自分自身の世界を読みとり、歴史をつづる権利であり、

　　　あらゆる教育の手だてを得る権利であり、

　　　個人的・集団的力量を発達させる権利である。」

　ここには、識字の学びとそれを支援する人を「批判的共同探究者」と呼び主体と主体の対話（コミュニケーション）をつうじて自己と世界についての認識が創られるとした、フレイレの思想の影響を読み取ることができる。

　日本では、成人の識字の取り組みの歴史において、いくつかの筋道がある。

　第一に、被差別部落における義務教育不就学の実態から始まった識字運動である。そのなかで、被差別部落の貧困により文字の読み書きを学ぶ機会を奪われた女性（北代色さん）が、高齢になってから識字学級に通って「字をおぼえて、ほんとうに夕焼けが美しいと思うようになりました」と書いた手紙がある。多くの非識字者は、文字の読み書きができないことを隠して、現代社会で不自由や格差・差別のなかに生きざるをえなかった。北代さんは作文の中で自分の人生をふり返り、文字の読み書きを学んだことで自分が変わったのは、夕焼けを見て初めて「美しい」と感じたことだったと振り返った。それは自らの感性をも解き放つような学びのすがたとして、識字学級に学ぶ人たちをはじめとして広く共感を呼び、ＮＨＫのドキュメンタリーにも取り上げられた。

　第二に、夜間中学での学びがある。夜間中学は、戦災孤児たちの就学を促

すために教師たちが始めたとされるが、1960年代後半からは、戦争や貧困などにより学齢期に義務教育を受けられなかった人（学齢超過者）が、再び学び直す機会を提供してきた。そして1970年代以降は経済的な理由でない長期欠席（不登校）、引揚者・帰国者など、様々な理由で夜間中学へ通う人々が増え、2000年代にはニューカマーの生徒が増えてきた[39]。

　そのなかには、学歴による就職の格差が激しい日本社会において、高校への入学をめざす人たちも少なくない。文部省（当時）は長く夜間中学を法的に位置づけてこなかったが、「義務教育の段階における普通教育に相当する教育の機会の確保等に関する法律」（2016年、巻末資料pp.184-187参照）の成立により、「義務教育の段階における普通教育に相当する教育を十分に受けていない者の意思を十分に尊重しつつ、その年齢又は国籍その他の置かれている事情にかかわりなく、（中略）その教育を通じて、社会において自立的に生きる基礎を培い、豊かな人生を送ることができるよう」にすることを理念とし、国と自治体が取り組むことが定められ、夜間中学やフリースクールが法的な根拠を持つことになった。

　第三に、公民館等の社会教育、各自治体の国際交流協会などの取り組み、市民の自主的な活動などにおける識字学級、日本語学級などにおける学習・活動がある。外国籍のおとなや子どもに向けた日本語学習の支援、不登校の子どもたちの学習支援、学齢期に就学機会を奪われた人たちの学習支援の活動が各地で行われている。

　学齢期以降の読み書き算の学びを成人基礎教育という。おとなの学びについて、子どもの学習と異なる方法や内容が工夫されているが、日本の識字学習の特徴として、北代さんのように自らの人生を作文に書く取り組みがある。これは、日本の生活記録運動や共同学習の学びを受け継ぐものと考えられるが、語彙や計算の技術の獲得にとどまらず、自分の人生をふり返り、世界と自分の関係を結びなおしていく学びのあり方として、重要な意味を持っている。日本では、1948年の「日本人の読み書き能力調査」以来、全国レベルの識字調査は行われていない。義務教育段階で充分に学べなかった「形式卒業者」の実態を把握するためにも識字調査の必要性が指摘されている。

39　大多和雅絵『戦後 夜間中学校の歴史』六花出版、2017年、p.19

第12章　成人学習論の展開

　2000年代に入って、カナダやアメリカの成人教育論・成人学習論が日本で訳出されるようになった。これらは、成人の発達を促し支援すること、実践とそれを支えるコミュニティの関係、専門職が自らの実践を展開し省察していくプロセスなどに注目するものである。

　本章では、そのいくつかについて概要を紹介する。

1　アンドラゴジー論
―ノールズ『成人教育の現代的実践』―

【図3－1】成熟の諸次元

```
         から                                              へ
1.  依存性 ─────────────────────────────→ 自律性
2.  受動性 ─────────────────────────────→ 能動性
3.  主観性 ─────────────────────────────→ 客観性
4.  無知 ──────────────────────────────→ 知識獲得
5.  小さな能力 ───────────────────────────→ 大きな能力
6.  少しの責任 ───────────────────────────→ 多くの責任
7.  狭い関心 ────────────────────────────→ 広い関心
8.  利己性 ─────────────────────────────→ 利他性
9.  自己拒否 ────────────────────────────→ 自己受容
10. あいまいな自己アイデンティティ ─────→ 統合された自己アイデンティティ
11. 個別への焦点化 ─────────────────────→ 原理への焦点化
12. 表面的な関心 ──────────────────────→ 深い関心
13. 模倣 ──────────────────────────────→ 独創性
14. 確かさへのニーズ ───────────────────→ あいまいさへの寛容
15. 衝動 ──────────────────────────────→ 理性
```

　著者のノールズは、アメリカの青年教育・成人教育の実践家から研究者に転じた人であり、この本は1970～1980年代にアメリカで版を重ねている。

　ノールズは教育学や心理学の知見、とくにエリクソンのアイデンティティ形成プロセスの考え方にもとづいて「成熟の諸次元」を15の変化で示した。

（図3－1）[40] このように、人間の発達の中で「成熟」すなわちおとなになるということがあり、そこに向けた教育的働きかけは子どもに対するそれとは異なることを示した。

　中心概念として「アンドラゴジー」がある。教育学を示す「ペダゴジー」は、ギリシャ語でpaid（子ども）とagogus（指導者やリーダー）という言葉からなる合成語で、ノールズは「子どもを教える技術と科学」と定義し、これにたいして「アンドラゴジー」は同じくギリシャ語のaner（成人）とagogusをあわせた言葉で「成人を支援する技術と科学」としている。すなわち、それまで教育が子どもに対する営みであるととらえられてきたことに対して、成人の教育論ないし学習論が成立することを示したものである。

　ノールズは、ペダゴジーのモデルは7〜12世紀にヨーロッパの修道学校において、幼い子どもに比較的簡単な読み書きの技能を教えることを修道士が観察したことにもとづくもので、このモデルは12世紀末において誕生しつつあった大学においても同様であったとする。そして20世紀の教育心理学における子どもと動物の反応の研究が、ペダゴジー・モデルを強化した。過去の歴史をつうじて、ペダゴジー・モデル、すなわち知識と技能を伝達することが教育の目的だとする教育観が支配的であったのであり、「成人学習に関する研究が第2次大戦後に登場しはじめるまでは、（教授に対する反応に比べると）学習に関してはほとんどわかっていなかったのである」[41]。教育から学習への焦点の移行は、学習者の主体性への焦点化を意味するのであり、このことは成人の学習論の成立に深くかかわっている。おとなの学びは、過去の自らの経験にもとづいて、学習を主体的に、自己決定的に展開していくことに特徴がある。

　ノールズは、ペダゴジー・モデルの学習者が教師に依存的であるのに対して、アンドラゴジーでは学習者は自己決定性が増大するとしている。また、アンドラゴジーにおいては、学習者の経験が学習資源となると考えている。そして「教師と生徒との間に共同探究者としての相互性（mutuality）」があるとする。アンドラゴジー論では、教師が生徒に成績をつけるようなやり方

40　ノールズ『成人教育の現代的実践―ペダゴジーからアンドラゴジーへ』鳳書房、2002年、p.16
41　同前、p.34

が調和せず学習者の自己評価が求められること、学習者が自らの経験を学習の資源とすることができること、などがあげられる。

【表3−2】学習についてのペダゴジー・モデルとアンドラゴジー・モデルの考え方とプロセスの諸要素

考え方			プロセスの諸要素		
要素	ペダゴジー	アンドラゴジー	要素	ペダゴジー	アンドラゴジー
学習者の概念	依存的なパーソナリティ	自己決定性の増大	雰囲気	緊張した、低い信頼関係、フォーマル、冷たい、離れている、権威志向、競争的、診断的	リラックスした、信頼できる、相互に尊敬しあう、インフォーマル、温かい、共同的、支持的
学習者の経験の役割	学習資源として活用されるよりは、むしろその上に積み上げられるもの	自己および他者による学習にとっての豊かな学習資源			
			計画	主として教師による	教師と学習支援者とが相互的に
学習へのレディネス	年齢段階−カリキュラムによって画一的	生活上の課題や問題から芽生えるもの	ニーズ診断	主として教師による	相互診断による
学習への方向づけ	教科中心的	課題・問題中心的	目標の設定	主として教師による	相互調整による
動機づけ	外部からの賞罰による	内的な誘因、好奇心	学習計画のデザイン	教師による内容の計画コースの概要論理的な順序づけ	学習契約学習プロジェクトレディネスにもとづく順序づけ
教師主導型学習の理論と実践が土台としているものは、しばしば「ペダゴジー」と呼ばれる。これはギリシャ語の*paid*（子どもを意味する）と*agogus*（指導者やリーダーを意味する）に由来する。ペダゴジーはしたがって、子どもを教える技術と科学と定義づけられる。			学習活動	伝達的技法割り当てられた読書	探求プロジェクト個人学習経験開発的技法
自己決定学習の理論と実践が土台としているものには、「アンドラゴジー」というラベルがつけられつつある。これは、*aner*（成人を意味する）というギリシャ語に由来する。アンドラゴジーはしたがって、成人（あるいはより適切な言い方をすれば、成熟した人間）を支援する技術と科学と定義づけられる。			評価	教師による集団基準（正規曲線）による	学習支援者、専門家によって判定された、学習者が集めた証拠による達成基準による

　このように、ノールズはペダゴジー・モデルとアンドラゴジー・モデルを対比的に描いているが（表3-2）[42]、一方で小中学校の教師がアンドラゴジーの概念を青少年の教育に当てはめてみたところ、すぐれた学習を生み出したという報告があったことを挙げており、「二分法的というよりはむしろ一つのスペクトルの両端としてみたほうが、おそらくより現実的であろう」[43]としている。

2 実践コミュニティ
―ウェンガーら『コミュニティ・オブ・プラクティス』―

　コンサルタントとして、企業経営にかんする多くの実践にかかわった立場から書かれている。本書の鍵概念である「実践コミュニティ（コミュニティ・オブ・プラクティス）」とは、「あるテーマに関する関心や問題、熱意などを共有し、その分野の知識や技能を、持続的な相互交流をつうじて深めていく人々の集団」をさす。日本では、従来、「コミュニティ」の語を地理的・行政的な地域概念として使ってきたが、本書が紹介する「実践コミュニティ」は、たとえばサッカーパパ・ママの交流から、グローバルに展開する多国籍企業のなかの特定の分野のエンジニア（技術者）たちのネットワークにいたっており、地理的には地球の反対側にいるような人々のコミュニケーションである場合もある。

　　　「あなたがもし友人に『外科手術に関する本をたくさん読んだから、
　　　頭の手術をしてやろう』などと言われたら、もちろん礼儀正しく断る
　　　だろう。」

　知識はたくさん蓄積したからといって現実社会の中で使えない。実践者が「専門的技術を向上させるためには、同じような状況に直面する人々と交流する機会が必要」である。専門家の知識とは「経験」の蓄積であり、「進行中の経験のダイナミックな要素であり続ける」。このように知識の体系は常に人々の交流によって革新されているとする見方に立てば、「知識は個人的であると同時に社会的なものである」。

　「実践コミュニティ」は、「一連の問題を定義する知識の領域^{ドメイン}、この領域に関心を持つ人々のコミュニティ、そして彼らがこの領域内で効果的に仕事をするために生み出す共通の実践^{プラクティス}」という、3つの基本要素の組み合わせである。本書で繰り返し取り上げられるシェル石油米国部門の実践コミュニティを見てみよう。シェル石油ではメキシコ湾の深海にある石油の生産設備にかかわる業務を再編し「アセット・チーム」と呼ばれるさまざまな分野にまた

42　同前、p.39-49より作成
43　同前、p.38

がるプロジェクト・チームを作った。作業空間も一体化したため、異分野間の結びつきが強くなり、科学者とエンジニアは目標を共有したことで自分たちの仕事の科学的な意義だけでなく、財政的な影響もより深く考えるようになった。ところが、そのために各チームに分散した専門スタッフを孤立させることになってしまった。

　「この問題に取り組むために、シェルでは共通の専門分野や関心を持った人々のネットワークを作った。このネットワークは技術的問題に基づいて形成されていたため、ネットワークにとってどんな情報が有益か、何を文書化すべきか、ほかのメンバーが本当はどんな助けを必要としているのかといったことがそのメンバーには分かっていた。ネットワークは、あらゆるプロジェクト・チームの専門家たちを結びつけるようになった。あるネットワークでは、メキシコ湾によく見られる地層、タービダイト構造に関心を持つ地質学者や油層工学のエンジニア、岩石物性学者、地球科学者たちを結集した。彼らは自らを『ターボデュード（ターボ野郎）』と名乗った。

　ターボデュードは15名ほどの地球科学者の小さなグループとして始まり、毎週ミーティングを行って、タービダイト油層開発にまつわる重要な問題について話し合った。（中略）数年たった今でも、ターボデュードのコミュニティはまだ栄えている。（中略）ミーティングでは通常誰かが問題を提議して、それについて皆で意見や提案を述べ合う。コミュニティのコーディネーターは、メンバーの意見の背後に潜む論理や仮定について詳細な説明を求め、手際よく議論を促す。発言者が守りの姿勢をとって、他人のアイデアを受け入れる様子がなければ、コーディネーターは彼に（中略）、会合の目的は様々なアイデアを出し合うことなのだと思い出させる。またグループが発言者に細かい質問を浴びせながらこれといった代替案を示さず、まるで厳しく『尋問』しているような場合、コーディネーターは全員が何らかの見解を発言者に提供する義務があることを思い出させ、それから焦点を変えて、この問題に別の方法で取り組めないか考えてみてはどうかと促す。コミュニティでの議論は非常に自発的なように見えるが、この自発性は見かけよりもずっと手が込んでいるのだ。」[44]

ここで示されるコミュニティは大規模なプロジェクトにかかわる専門的な技術者・エンジニアの集団であるが、一つのテーマに関する関心を共有し、それを継続しようとしている。プロジェクトを動かしていこうとする実践的な問題意識は、トップダウンやボトムアップのようなコミュニケーションではなく、持続的なコミュニティの中の話し合いでつくられていく。このような実践コミュニティのあり方を、多国籍企業の専門家集団以外にも見出すことができるのではないだろうか。成人の学習のなかでも、あるプロジェクトを動かしていくような実践的な問題意識を持つ場合、インフォーマルな継続するコミュニティがそれを支えていることが多い。

　先のターボデュードのコミュニティでは、コーディネーターが重要な役割を果たしているのがわかる。コーディネーターは課題や内容を提案したり決定したりするのではなく、メンバーの問題意識をつなげたり、コミュニケーションを調整したりしている。コーディネーターは会合と会合の間には「廊下を歩き回って」話題を集めたり、次の議題を伝えたりしている。メンバーの関心をつなげ、事前にあるテーマに関心を焦点化できるように働きかけている。こうした役割は、学習支援者がさまざまな学習を支えていくときに実際に行っている仕事である。近年の成人学習論において、コーディネーターのような学習支援者の役割の研究が一つの焦点を形成している。

3 省察的実践論
―ショーン『省察的実践とは何か』―

　本書がアメリカで発行されたのは1983年であるが、ショーンはこのとき、マサチューセッツ工科大学大学院のコアカリキュラム改革に取り組んでいた。研究者はそれぞれの学的関心の中の研究には熱心だが、共同の探究が行われていなかった一方で、入学する学生たちには硬直したカリキュラムに対する不満があった。この困難な状況で高等教育のカリキュラム改革と格闘し

---

44 エティエンヌ・ウェンガー、リチャード・マクダーモット、ウィリアム・M・スナイダー『コミュニティ・オブ・プラクティス』翔泳社、2002年、pp.112-114

た立場から、すなわちショーン自身が省察的実践者として、本書を書いたとされる。

この時代、ベトナム戦争やスリーマイル島の原子力発電所の事故などから、プロフェッショナルが社会問題を解決することができないことが明らかになっていた。一方、プロフェッショナルの仕事には〈わざ〉の要素、すなわち言語化できないが日々の経験の中で習得され実践されている認識や技術があり、これは問題の解決よりも、問題の設定において意味があることがわかってきた。

ショーンは、専門的職業と科学との関係について、つぎのような「技術的合理性のモデル」を指摘する。

> 「研究者に期待されるのは基礎科学と応用科学の提供であり、この基礎科学と応用科学から、実践上の問題を診断し解決するのに必要な技術が引き出される。実践者（実務家）に期待されるのは、研究対象になるものを研究者に提供し、研究成果の有効性を検証する作業を研究者に手渡すことである。研究者の役割は実践者の役割とは区別され、たいてい彼らの役割よりも優れていると考えられる。」[45]

このような関係の中で、研究者により一般化された理論を実践家が問題に対して「適用」するのが「技術的合理性のモデル」であり、これは西欧哲学において中心的であった実証主義認識論に依拠するものである。しかし、「多くの実践者が厳密性か適切性かをめぐるジレンマに対してとった対応は、専門的知識に合わせて実践状況を切り取ってしまうことであった」[46]。ところが、現実には問題は個々に異なる状況の中にあり、「技術的合理性のモデル」では問題解決に至らず、そのため大学教育が変革を迫られることになる。

ショーンは、ポランニーの「暗黙知」という概念を引用し、「人々が何万人の中からでもある人の顔を識別することができるけれども、なぜ識別できたのかを説明することが難しい」という状況があるとして、このような言語化しにくい知識や技術にあたる「行為の中の知の生成」のプロセスに注目する。このプロセスを示すものとして、ショーンは6〜7歳の子どもたちによ

---

45 ドナルド・A・ショーン『省察的実践とは何か』鳳書房、2007年、p.27

46 同前、p.44

るブロックのバランス実験をあげる。この実験では子どもたちに、金属の棒の上にブロックを載せてバランスをとるように求めたところ、子どもたちはブロックの幾何学的中心の上にブロックを積み重ねていった。ところが、わからないように一方の端を重くしてあるブロックについては、幾何学的中心ではバランスを失ってしまう。

> 「子どもたちは、次のブロックにかかる〈前〉にひと息入れて、各ブロックをもち上げて重さの偏りを大まかに測定するようになる（『注意しないとね。だって両端とも同じ重さのものもあるけど、片端が重いブロックもあるし』）。そしておおよその均衡点を予測してブロックをそのすぐ近くに置くようになり、幾何学的中心の位置でまずはバランスをとってみることはしなくなる。

> その子どもたちのふるまいは今や、ブロックがバランスをとるのは幾何学的中心の位置ではなく〈重心〉の中心の位置であるという、行為の中の理論を身につけたかのようだった。」[47]

子どもたちはブロックを積み上げる行為の繰り返しの中から、推測可能な認識を獲得していく。しかし、その認識をどんな状況においてもあてはまる言葉にすることは難しい。このような〈暗黙知〉にあたる経験は、成人の日常生活や職業上の経験においてもみられる。

「行為の中の知の生成」のプロセスは、専門家の〈わざ〉とその継承の場面では、さらに複雑な対話と行為の展開を見せる。建築のデザインプロセスにおける学生（ペトラ）と教員（クイスト）のプロトコル（会話記録）の分析では、ペトラのデザインにクイストが修正を加えていく過程が描かれ、土地の傾斜、建物の配置、人の流れなど、クイストの「状況との省察的な対話」が示される。また、精神医療分野の研修医とスーパーバイザーのプロトコル分析からは、スーパーバイザーが「確かに実践の中の省察を実際に展開しているが、しかし自分自身の実践の中の省察についての省察はおこなっていない」[48] ことが指摘され、専門家がその解釈の源泉を示さない〈秘儀性と熟練（mystery and mastery）〉というかかわり方が批判される。ショーンは、ク

47　同前、p.60
48　同前、p.143

イストとスーパーバイザーの共通性について考察して、「その状況の枠組みの転換」[49] を行っていることを指摘する。専門家の「行為の中の知の生成」において、状況を認識する「枠組み（frame）」が提案され、変更されているのである（reframe）。

またショーンは、「技術的合理性」と「行為の中の省察」を比較している。実証主義の認識論では問題を状況から切り離して実験室で実験を行う。そして、目的から手段を切り離し、実践から研究を切り離し、行為から知を切り離す。しかし「クイストとスーパーバイザーの省察的な対話では、これらの二分法は成立しない」。状況にコミットメントすること、探究的にかかわっていくことが、省察的実践家の行為と認識を形作っていく。

本書ではこのほかに、工学デザイン、都市計画、マネジメントなどの事例が検討され、専門家が実践の中から知を形成していく過程に共通する行為が読み解かれていく。

これらの分析を経て、専門家の社会的な役割が意味づけなおされる。プロフェッショナルとクライアントの関係は伝統的で依存的な関係から見直され、専門職の「脱神話化」が図られる。専門家の役割は、社会的文脈の中で意味づけなおされていく。「コミュニケーションと問題解決への行程を通して行為する協働主体である『私たち』こそが、社会の構成者である。」[50]

専門家は現実社会から切り離された知の体系の中にいるのではなく、社会を構成する当事者である。専門家の行為と認識は、社会的文脈の中で問い直され、意味づけなおされていく。こうした見方に立てば、実践の展開を支えるコミュニティを形成していくこと、ひらかれたコミュニケーションのなかで互いに問いを深めあうことが、プロフェッショナルとしての力量形成としての意味をもつ。

---

49 同前、p.148
50 同前、p.364

4 学びあうコミュニティのコーディネーター

　前述した松川町の健康学習において、保健婦と公民館主事が健康研究会という コミュニティを形成し、実践をふりかえる話し合いを積み重ねていた。いいかえると、学習支援者としての専門性は、健康研究会という実践コミュニティにおける省察によって支えられていた。すなわち、実践的な力、人々の学びを支え続けていく力は、個人的に熟練した技能というよりも、ウェンガーらが示している実践コミュニティとして形成されていったのである。

　また健康研究会では、保健婦が講座での住民の発言や自分たちの働きかけをふりかえり、住民の生活の実態や問題関心をとらえ直していくこと、すなわち実践の省察が行われていた。これにたいして、例えば従来の社会教育の職員研修では、自治体行政の課題や今日的な課題について、講師の講義を聴くことが少なくなかった。このような職員研修では、講師が示す課題、すなわち実践の外部にある問題を学習の課題にしていくことになりがちである。これは、ショーンの考え方でいえば、理論を実践にあてはめ応用するような「技術的合理性のモデル」となってしまうため、実践を持続的に展開していくための力になりにくい。しかし松川町の健康研究会の取り組みでは、学習支援者は実践のふり返りのなかから、自分たちの次の行動を考えていく。ショーンは、専門的な実践者の行為をreflection on action（行われた実践行為の結果をふりかえること）と、reflection in action（実践の最中に自らの行為を省察すること）として説明している[51]。松川町の健康研究会の例では、reflection in actionとして、省察と実践を往還するなかから保健婦が学習支援者としての力をつけていると考えることができる。

　近年の研究では、このように住民の学習とそれを支える学習支援者の力量形成を重層的にとらえて、学習支援者の実践コミュニティが持続的に展開していくことが注目されている。日本社会教育学会の政策提言[52]では、地域全体に〈学びあうコミュニティ〉を広範に実現していくためのコーディネーターとして、以下の職をあげている。

51　同前　p.64

①社会教育関係職員

　公民館主事、青少年施設・女性施設・男女共同参画センターなど社会教育関連施設の職員、社会教育指導員など。

②地域の教育・自治・文化・福祉にかかわる専門職

　保健師・看護師、児童館職員、ユースワーカー、社会福祉関係職員など。

③指定管理者やNPOの職員、ボランティア団体のコーディネーター

　地域の教育・自治・文化・福祉の活動を学習面で支えるグループは、上記の専門職のほか指定管理者やNPO、ボランティア団体があり、その学習活動を支援するコーディネーターの存在がある。

　図書館司書や博物館学芸員の職務についても、人々の〈学びあうコミュニティ〉を支えるという側面からみれば、当然この中に位置づけられるであろう。さらに、「コーディネーターの役割・力量が期待される職」として学校教員（含む幼稚園教諭）、大学職員、一般行政職員をあげ、これらのコーディネーターのコーディネートをする役割として社会教育主事を位置づけている。

　このように行政の枠組みにとらわれず、〈学びあうコミュニティ〉のコーディネーターが存在し、その役割を果たしていることが指摘されており、これらの人たちの力量形成については、「実践と省察のサイクル」と「持続的な実践研究の構造」が提言されている。こうした考え方は、「大学などで資格を取ったから学習を支援する力が身についているはずだ」（完成教育）というような、従来の職員観や資格・役割・力量のとらえ方と大きく異なっている。学習支援者自らが、実践とかかわる中で生涯にわたって学び続けることが求められているのである。同提言では、コーディネーターが学び続けるサイクルに、大学と学会が役割を果たしていくことがめざされている。

　コーディネーターのコミュニティは、ひらかれたコミュニケーションが求められる。たとえば、保健婦と公民館主事のように、行政的に異なる分野とされてきた専門家が、人々の学習を支えるという共通の関心をもとに、学びあ

52 日本社会教育学会　社会教育・生涯学習関連職員問題特別委員会「知識基盤社会における社会教育の役割—職員問題特別委員会　議論のまとめ—」同編『学びあうコミュニティを培う—社会教育が提案する新しい専門職像—』東洋館出版社、2009年、pp.5-30

うコミュニティを構成している。また、松川町の学習と保健婦の力量形成の記録が公刊されていくこと、保健婦が自治体を超えて学びあっていくことなども、ひらかれたコミュニケーションを表している。

　専門家は「秘技性と熟練」の殻に閉じこもるのではなく、自分の仕事を説明していく力量もまた求められるのであり、それはまた税金の支出に対する説明責任を果たし、公教育を実態として支える論理をつくっていく意味をもつ。コミュニケーションをひらいていくこと、公共性とは何かということを考える議論にエビデンス（証拠）を提供していくことを可能にするのは、実践を記録していく営みである。モデルケースや手本としてではなく、長い時間軸をもった実践を記録していくこと、それを読みあい、問いあう関係（実践コミュニティ）を形成していくことが、学習支援者の力量形成として重要だと考えられている。

参考文献

文部省『学制百年史』、1971年

文部省社会教育法令研究会編『青年学級振興法詳解』、1958年

青年団研究所編『共同学習の手引』日本青年館、1954年

新井郁男編集・解説『現代のエスプリ／ラーニング・ソサエティ』No.146、至文堂、1979年

ケニス・E・リード『グループワークの歴史―人格形成から社会的処遇へ―』勁草書房、1992年

日本公民館学会編『公民館・コミュニティ施設ハンドブック』エイデル研究所、2006年

大串隆吉「自由大学運動と無産農民学校」、藤田秀雄・大串隆吉編著『日本社会教育史』エイデル研究所、1984年

入江直子・村田晶子「学習の組織化と記録」、日本社会教育学会50周年記念講座刊行委員会編『講座現代社会教育の理論III／成人の学習と生涯学習の組織化』、2004年

国立教育研究所編『日本近代教育百年史　第7巻』、1974年

柳沢昌一「解説」、ショーン『省察的実践とは何か―プロフェッショナルの行為と思考―』鳳書房、2007年

　社会教育の職員制度についてみると、1881（明治14）年に図書館・教育博物館職員が館長・書記と規定されたのが最初とされている。社会教育主事は、1925（大正14）年「地方社会教育職員制」で職名が定められ「視察指導」を行った。社会教育主事の設置は、当時、ロシア革命、米騒動、普通選挙などの情勢下で民主主義の希求としての大正デモクラシーがおこり、これに対して国家の教化網を強めようとする意図があったとされる。

　戦後の社会教育職員については、1946年次官通達「公民館の設置運営について」において公民館長と公民館主事の設置が示されたが、CIEの民主化政策の中では「ノー・サポート、ノー・コントロール」の原則から職員の介在は望ましくないものと考えられた。このため社会教育法の制定時（1949年）には「環境の醸成」が国と自治体の任務とされ、社会教育職員は成文化されなかった。1951年改正時には、社会教育主事について資格要件・講習規定を持つ専門職員として、都道府県は必置、市町村は任意設置と定め、1956年には市町村も必置と改正した。[1]

　社会教育法では、「社会教育主事は、社会教育を行う者に専門的技術的な助言と指導を与える。ただし、命令及び監督をしてはならない（第9条の3）」とし、「（公民館）館長は、公民館の行う各種の事業の企画実施その他必要な事務を行い、所属職員を監督する。／（公民館）主事は、館長の命を受け、公民館の事業の実施にあたる（第27条の2, 3）」と定めている。社会教育主事は「助言と指導を与える」もの、公民館の館長と主事は事業の実施者としての位置づけであったのであり、学習に対する職員の関与は抑制的に定められている（非権力的助長行政）。

　また社会教育法では、社会教育主事は社会教育法上の専門職員として教育委員会に設置されたのに対して、公民館長・公民館主事は専門職としての法的な位置づけがないままに、公民館で学習者と直接向き合い、学習にかかわる役割を担った。一方、公民館主事を設置しない自治体では、社会教育主事が事業担当者の役割を担い、社会教育会館などの社会教育施設に配属される場合もあった。しかしこれについて「（公民館主事が担う）社会教育事業は、教育の自由を重視するところから社会教育施設等教育機関や団体が行うもので、（社会教育主事が担う）社会教育行政は施設の設置等その条件整備にあたるもの」[2]であるべきとする立場か

1　伊藤寿朗・木全力夫・酒匂一雄・森崎震二「社会教育職員制度─制度史的検討─」小林文人編『社会教育職員論』東洋館出版社、1974年、pp.71-90

2　上杉孝實「社会教育主事の特性と養成・研修の課題」日本社会教育学会『社会教育職員養成と研修の新たな展望』東洋館出版社、2018年、p.100

ら、社会教育主事が事業担当者と位置づけられることに対しては批判がある。

　つまり、戦前の社会教育行政が国民教化や戦争への動員を担ったことから、戦後の社会教育主事は抑制的に定められたが、一方で事業を実施する公民館主事の専門職としての位置づけがなかったことから、制度上、学習支援者としての職員の役割が不明確であった。また、司書や学芸員と異なり、社会教育主事が行政職としてのみ位置づけられる資格であったことから、民間における学習支援にかんする国家資格がなく、財団やNPOなどの指定管理者では「社会教育主事有資格者」として専門性を表現せざるをえなかったのである。

　現在、社会教育主事の全国の設置数は、1996年度の6,796人をピークとして減少に転じ、2021年度は1,451人にまで落ち込んでいる。この理由として、1998年度から派遣社会教育主事制度の国庫補助金が一般財源化したこと、平成の大合併により市町村数が3,229（1999年）から1,730（2010年）へと減少したことなどが指摘されている。

　2020年、社会教育主事講習等規定の一部改正により、社会教育士という称号が制度化された。社会教育主事は行政職の教育専門職として、教育委員会の発令により任命されるのに対して、社会教育士は自治体の首長部局、財団、指定管理者、民間業者などで活用が期待されている。社会教育士は、司書や学芸員などのように、教育委員会以外で広く一般に使うことができる。また行政内で社会教育施策の企画・立案などの役割を担う社会教育主事に対し、社会教育士は福祉・まちづくり・男女共同参画などの現場における学習支援者としての役割が期待されている。

　社会教育士の取得のためには、従来の社会教育主事資格取得の単位に加えて、社会教育実習、生涯学習支援論、社会教育経営論を履修することになり、より実践的な科目構成になっており、学習支援者ないしコーディネーターとしての役割が明確になっている。

　このように社会教育士の活躍の場が広がることが期待される一方で、学習支援にかかわる職の労働条件が問題になっている。2017年、総務省は「会計年度任用職員」制度を創設した。公務非正規労働は9割が女性労働者とされ、一般行政職に比べて、有期雇用など不安定で、賞与・退職金の不支給など劣悪な労働条件が問題となっている。このため指定管理者制度では、男女共同参画センターや図書館などにおいて、地域の女性団体がNPOとして受託したものの、職員の労働条件があまりにも低く、指定管理者制度から撤退するケースが見られる。社会教育士の活躍が期待される職場において、専門性が評価されない労働条件となっている問題がある。

巻末資料

日本国憲法（抄）

1946年（昭和21年）11月3日公布
1947年（昭和22年）5月3日施行

　日本国民は、正当に選挙された国会における代表者を通じて行動し、われらとわれらの子孫のために、諸国民との協和による成果と、わが国全土にわたつて自由のもたらす恵沢を確保し、政府の行為によつて再び戦争の惨禍が起ることのないやうにすることを決意し、ここに主権が国民に存することを宣言し、この憲法を確定する。そもそも国政は、国民の厳粛な信託によるものであつて、その権威は国民に由来し、その権力は国民の代表者がこれを行使し、その福利は国民がこれを享受する。これは人類普遍の原理であり、この憲法は、かかる原理に基くものである。われらは、これに反する一切の憲法、法令及び詔勅を排除する。

　日本国民は、恒久の平和を念願し、人間相互の関係を支配する崇高な理想を深く自覚するのであつて、平和を愛する諸国民の公正と信義に信頼して、われらの安全と生存を保持しようと決意した。われらは、平和を維持し、専制と隷従、圧迫と偏狭を地上から永遠に除去しようと努めてゐる国際社会において、名誉ある地位を占めたいと思ふ。われらは、全世界の国民が、ひとしく恐怖と欠乏から免かれ、平和のうちに生存する権利を有することを確認する。

　われらは、いづれの国家も、自国のことのみに専念して他国を無視してはならないのであつて、政治道徳の法則は、普遍的なものであり、この法則に従ふことは、自国の主権を維持し、他国と対等関係に立たうとする各国の責務であると信ずる。

　日本国民は、国家の名誉にかけ、全力をあげてこの崇高な理想と目的を達成することを誓ふ。

第一章　天　皇

第一条　天皇は、日本国の象徴であり日本国民統合の象徴であつて、この地位は、主権存する日本国民の総意に基く。

第二章　戦争の放棄

第九条　日本国民は、正義と秩序を基調とする国際平和を誠実に希求し、国権の発動たる戦争と、武力による威嚇又は武力の行使は、国際紛争を解決する手段としては、永久にこれを放棄する。

2　前項の目的を達するため、陸海空軍その他の戦力は、これを保持しない。国の交戦権は、これを認めない。

第三章　国民の権利及び義務

第十一条　国民は、すべての基本的人権の享有を妨げられない。この憲法が国民に保障する基本的人権は、侵すことのできない永久の権利として、現在及び将来の国民に与へられる。

第十三条　すべて国民は、個人として尊重される。生命、自由及び幸福追求に対する国民の権利については、公共の福祉に反しない限り、立法その他の国政の上で、最大の尊重を必要とする。

第十四条　すべて国民は、法の下に平等であつて、人種、信条、性別、社会的身分又は門地により、政治的、経済的又は社会的関係において、差別されない。

2　華族その他の貴族の制度は、これを認めない。

3　栄誉、勲章その他の栄典の授与は、いかなる特権も伴はない。栄典の授与は、現にこれを有し、又は将来これを受ける者の一代に限り、その効力を有する。

第十五条　公務員を選定し、及びこれを罷免することは、国民固有の権利である。

2　すべて公務員は、全体の奉仕者であつて、一部の奉仕者ではない。

3　公務員の選挙については、成年者による普通選挙を保障する。

4　すべて選挙における投票の秘密は、これを侵してはならない。選挙人は、その選択に関し公的にも私的にも責任を問はれない。

第十九条　思想及び良心の自由は、これを侵してはならない。

第二十条　信教の自由は、何人に対してもこれを保障する。いかなる宗教団体も、国から特権を受け、又は政治上の権力を行使してはならない。

2　何人も、宗教上の行為、祝典、儀式又は行事に参加することを強制されない。

3　国及びその機関は、宗教教育その他いかなる宗教的活動もしてはならない。

第二十一条　集会、結社及び言論、出版その他一切の表現の自由は、これを保障する。

2　検閲は、これをしてはならない。通信の秘密は、これを侵してはならない。

第二十三条　学問の自由は、これを保障する。

第二十四条　婚姻は、両性の合意のみに基いて成立し、夫婦が同等の権利を有することを基本として、相互の協力により、維持されなければならない。

2　配偶者の選択、財産権、相続、住居の選定、離婚並びに婚姻及び家族に関するその他の事項に関しては、法律は、個人の尊厳と両性の本質的平等に立脚して、制定されなければならない。

第二十五条　すべて国民は、健康で文化的な最低限度の生活を営む権利を有する。

2 　国は、すべての生活部面について、社会福祉、社会保障及び公衆衛生の向上及び増進に努めなければならない。

第二十六条　すべて国民は、法律の定めるところにより、その能力に応じて、ひとしく教育を受ける権利を有する。

2 　すべて国民は、法律の定めるところにより、その保護する子女に普通教育を受けさせる義務を負ふ。義務教育は、これを無償とする。

第二十七条　すべて国民は、勤労の権利を有し、義務を負ふ。

2 　賃金、就業時間、休息その他の勤労条件に関する基準は、法律でこれを定める。

3 　児童は、これを酷使してはならない。

教育基本法

1947年（昭和22年）3月31日公布

2006年（平成18年）12月22日最終改正

　我々日本国民は、たゆまぬ努力によって築いてきた民主的で文化的な国家を更に発展させるとともに、世界の平和と人類の福祉の向上に貢献することを願うものである。

　我々は、この理想を実現するため、個人の尊厳を重んじ、真理と正義を希求し、公共の精神を尊び、豊かな人間性と創造性を備えた人間の育成を期するとともに、伝統を継承し、新しい文化の創造を目指す教育を推進する。

　ここに、我々は、日本国憲法の精神にのっとり、我が国の未来を切り拓く教育の基本を確立し、その振興を図るため、この法律を制定する。

第一章　教育の目的及び理念

第一条（教育の目的）　教育は、人格の完成を目指し、平和で民主的な国家及び社会の形成者として必要な資質を備えた心身ともに健康な国民の育成を期して行われなければならない。

第二条（教育の目標）　教育は、その目的を実現するため、学問の自由を尊重しつつ、次に掲げる目標を達成するよう行われるものとする。

一　幅広い知識と教養を身に付け、真理を求める態度を養い、豊かな情操と道徳心を培うとともに、健やかな身体を養うこと。

二　個人の価値を尊重して、その能力を伸ばし、創造性を培い、自主及び自律の精神を養うとともに、職業及び生活との関連を重視し、勤労を重んずる態度を養うこと。

三　正義と責任、男女の平等、自他の敬愛と協力を重んずるとともに、公共の精神に基

づき、主体的に社会の形成に参画し、その発展に寄与する態度を養うこと。

　四　生命を尊び、自然を大切にし、環境の保全に寄与する態度を養うこと。

　五　伝統と文化を尊重し、それらをはぐくんできた我が国と郷土を愛するとともに、他国を尊重し、国際社会の平和と発展に寄与する態度を養うこと。

第三条（生涯学習の理念）　国民一人一人が、自己の人格を磨き、豊かな人生を送ることができるよう、その生涯にわたって、あらゆる機会に、あらゆる場所において学習することができ、その成果を適切に生かすことのできる社会の実現が図られなければならない。

第四条（教育の機会均等）　すべて国民は、ひとしく、その能力に応じた教育を受ける機会を与えられなければならず、人種、信条、性別、社会的身分、経済的地位又は門地によって、教育上差別されない。

2　国及び地方公共団体は、障害のある者が、その障害の状態に応じ、十分な教育を受けられるよう、教育上必要な支援を講じなければならない。

3　国及び地方公共団体は、能力があるにもかかわらず、経済的理由によって修学が困難な者に対して、奨学の措置を講じなければならない。

第二章　教育の実施に関する基本

第五条（義務教育）　国民は、その保護する子に、別に法律で定めるところにより、普通教育を受けさせる義務を負う。

2　義務教育として行われる普通教育は、各個人の有する能力を伸ばしつつ社会において自立的に生きる基礎を培い、また、国家及び社会の形成者として必要とされる基本的な資質を養うことを目的として行われるものとする。

3　国及び地方公共団体は、義務教育の機会を保障し、その水準を確保するため、適切な役割分担及び相互の協力の下、その実施に責任を負う。

4　国又は地方公共団体の設置する学校における義務教育については、授業料を徴収しない。

第六条（学校教育）　法律に定める学校は、公の性質を有するものであって、国、地方公共団体及び法律に定める法人のみが、これを設置することができる。

2　前項の学校においては、教育の目標が達成されるよう、教育を受ける者の心身の発達に応じて、体系的な教育が組織的に行われなければならない。この場合において、教育を受ける者が、学校生活を営む上で必要な規律を重んずるとともに、自ら進んで学習に取り組む意欲を高めることを重視して行われなければならない。

第七条（大学）　大学は、学術の中心として、高い教養と専門的能力を培うとともに、深く真理を探究して新たな知見を創造し、これらの成果を広く社会に提供することにより、社会の発展に寄与するものとする。

2　大学については、自主性、自律性その他の大学における教育及び研究の特性が尊重されなければならない。

第八条（私立学校）　私立学校の有する公の性質及び学校教育において果たす重要な役割にかんがみ、国及び地方公共団体は、その自主性を尊重しつつ、助成その他の適当な方

法によって私立学校教育の振興に努めなければならない。

第九条（教員）　法律に定める学校の教員は、自己の崇高な使命を深く自覚し、絶えず研究と修養に励み、その職責の遂行に努めなければならない。

2　前項の教員については、その使命と職責の重要性にかんがみ、その身分は尊重され、待遇の適正が期せられるとともに、養成と研修の充実が図られなければならない。

第十条（家庭教育）　父母その他の保護者は、子の教育について第一義的責任を有するものであって、生活のために必要な習慣を身に付けさせるとともに、自立心を育成し、心身の調和のとれた発達を図るよう努めるものとする。

2　国及び地方公共団体は、家庭教育の自主性を尊重しつつ、保護者に対する学習の機会及び情報の提供その他の家庭教育を支援するために必要な施策を講ずるよう努めなければならない。

第十一条（幼児期の教育）　幼児期の教育は、生涯にわたる人格形成の基礎を培う重要なものであることにかんがみ、国及び地方公共団体は、幼児の健やかな成長に資する良好な環境の整備その他適当な方法によって、その振興に努めなければならない。

第十二条（社会教育）　個人の要望や社会の要請にこたえ、社会において行われる教育は、国及び地方公共団体によって奨励されなければならない。

2　国及び地方公共団体は、図書館、博物館、公民館その他の社会教育施設の設置、学校の施設の利用、学習の機会及び情報の提供その他の適当な方法によって社会教育の振興に努めなければならない。

第十三条（学校、家庭及び地域住民等の相互の連携協力）　学校、家庭及び地域住民その他の関係者は、教育におけるそれぞれの役割と責任を自覚するとともに、相互の連携及び協力に努めるものとする。

第十四条（政治教育）　良識ある公民として必要な政治的教養は、教育上尊重されなければならない。

2　法律に定める学校は、特定の政党を支持し、又はこれに反対するための政治教育その他政治的活動をしてはならない。

第十五条（宗教教育）　宗教に関する寛容の態度、宗教に関する一般的な教養及び宗教の社会生活における地位は、教育上尊重されなければならない。

2　国及び地方公共団体が設置する学校は、特定の宗教のための宗教教育その他宗教的活動をしてはならない。

第三章　教育行政

第十六条（教育行政）　教育は、不当な支配に服することなく、この法律及び他の法律の定めるところにより行われるべきものであり、教育行政は、国と地方公共団体との適切な役割分担及び相互の協力の下、公正かつ適正に行われなければならない。

2　国は、全国的な教育の機会均等と教育水準の維持向上を図るため、教育に関する施策を総合的に策定し、実施しなければならない。

3　地方公共団体は、その地域における教育の振興を図るため、その実情に応じた教育に関する施策を策定し、実施しなければならない。

4　国及び地方公共団体は、教育が円滑かつ継続的に実施されるよう、必要な財政上の措置を講じなければならない。

第十七条（教育振興基本計画）　政府は、教育の振興に関する施策の総合的かつ計画的な推進を図るため、教育の振興に関する施策についての基本的な方針及び講ずべき施策その他必要な事項について、基本的な計画を定め、これを国会に報告するとともに、公表しなければならない。

2　地方公共団体は、前項の計画を参酌し、その地域の実情に応じ、当該地方公共団体における教育の振興のための施策に関する基本的な計画を定めるよう努めなければならない。

第四章　法令の制定

第十八条　この法律に規定する諸条項を実施するため、必要な法令が制定されなければならない。

附　則　抄

1　（施行期日）　この法律は、公布の日から施行する。

社会教育法

1949年（昭和24年）6月10日公布
2022年（令和4年）6月17日最終改正

第一章　総則

第一条（この法律の目的）　この法律は、教育基本法（平成十八年法律第百二十号）の精神に則り、社会教育に関する国及び地方公共団体の任務を明らかにすることを目的とする。

第二条（社会教育の定義）　この法律において「社会教育」とは、学校教育法（昭和二十二年法律第二十六号）又は就学前の子どもに関する教育、保育等の総合的な提供の推進に関する法律（平成十八年法律第七十七号）に基づき、学校の教育課程として行われる教育活動を除き、主として青少年及び成人に対して行われる組織的な教育活動（体育及びレクリエーションの活動を含む。）をいう。

第三条（国及び地方公共団体の任務）　国及び地方公共団体は、この法律及び他の法令の定めるところにより、社会教育の奨励に必要な施設の設置及び運営、集会の開催、資料の作製、頒布その他の方法により、すべての国民があらゆる機会、あらゆる場所を利用して、自ら実際生活に即する文化的教養を高め得るような環境を醸成するように努めな

けD.ばならない。

2　国及び地方公共団体は、前項の任務を行うに当たつては、国民の学習に対する多様な需要を踏まえ、これに適切に対応するために必要な学習の機会の提供及びその奨励を行うことにより、生涯学習の振興に寄与することとなるよう努めるものとする。

3　国及び地方公共団体は、第一項の任務を行うに当たつては、社会教育が学校教育及び家庭教育との密接な関連性を有することにかんがみ、学校教育との連携の確保に努め、及び家庭教育の向上に資することとなるよう必要な配慮をするとともに、学校、家庭及び地域住民その他の関係者相互間の連携及び協力の促進に資することとなるよう努めるものとする。

第四条（国の地方公共団体に対する援助）　前条第一項の任務を達成するために、国は、この法律及び他の法令の定めるところにより、地方公共団体に対し、予算の範囲内において、財政的援助並びに物資の提供及びそのあつせんを行う。

第五条（市町村の教育委員会の事務）　市（特別区を含む。以下同じ。）町村の教育委員会は、社会教育に関し、当該地方の必要に応じ、予算の範囲内において、次の事務を行う。

一　社会教育に必要な援助を行うこと。

二　社会教育委員の委嘱に関すること。

三　公民館の設置及び管理に関すること。

四　所管に属する図書館、博物館、青年の家その他の社会教育施設の設置及び管理に関すること。

五　所管に属する学校の行う社会教育のための講座の開設及びその奨励に関すること。

六　講座の開設及び討論会、講習会、講演会、展示会その他の集会の開催並びにこれらの奨励に関すること。

七　家庭教育に関する学習の機会を提供するための講座の開設及び集会の開催並びに家庭教育に関する情報の提供並びにこれらの奨励に関すること。

八　職業教育及び産業に関する科学技術指導のための集会の開催並びにその奨励に関すること。

九　生活の科学化の指導のための集会の開催及びその奨励に関すること。

十　情報化の進展に対応して情報の収集及び利用を円滑かつ適正に行うために必要な知識又は技能に関する学習の機会を提供するための講座の開設及び集会の開催並びにこれらの奨励に関すること。

十一　運動会、競技会その他体育指導のための集会の開催及びその奨励に関すること。

十二　音楽、演劇、美術その他芸術の発表会等の開催及びその奨励に関すること。

十三　主として学齢児童及び学齢生徒（それぞれ学校教育法第十八条に規定する学齢児童及び学齢生徒をいう。）に対し、学校の授業の終了後又は休業日において学校、社会教育施設その他適切な施設を利用して行う学習その他の活動の機会を提供する事業の実施並びにその奨励に関すること。

十四　青少年に対しボランティア活動など社会奉仕体験活動、自然体験活動その他の体

験活動の機会を提供する事業の実施及びその奨励に関すること。

十五　社会教育における学習の機会を利用して行つた学習の成果を活用して学校、社会教育施設その他地域において行う教育活動その他の活動の機会を提供する事業の実施及びその奨励に関すること。

十六　社会教育に関する情報の収集、整理及び提供に関すること。

十七　視聴覚教育、体育及びレクリエーションに必要な設備、器材及び資料の提供に関すること。

十八　情報の交換及び調査研究に関すること。

十九　その他第三条第一項の任務を達成するために必要な事務

2　市町村の教育委員会は、前項第十三号から第十五号までに規定する活動であつて地域住民その他の関係者（以下この項及び第九条の七第二項において「地域住民等」という。）が学校と協働して行うもの（以下「地域学校協働活動」という。）の機会を提供する事業を実施するに当たつては、地域住民等の積極的な参加を得て当該地域学校協働活動が学校との適切な連携の下に円滑かつ効果的に実施されるよう、地域住民等と学校との連携協力体制の整備、地域学校協働活動に関する普及啓発その他の必要な措置を講ずるものとする。

3　地方教育行政の組織及び運営に関する法律（昭和三十一年法律第百六十二号）第二十三条第一項の条例の定めるところによりその長が同項第一号に掲げる事務（以下「特定事務」という。）を管理し、及び執行することとされた地方公共団体（以下「特定地方公共団体」という。）である市町村にあつては、第一項の規定にかかわらず、同項第三号及び第四号の事務のうち特定事務に関するものは、その長が行うものとする。

第六条（都道府県の教育委員会の事務）　都道府県の教育委員会は、社会教育に関し、当該地方の必要に応じ、予算の範囲内において、前条第一項各号の事務（同項第三号の事務を除く。）を行うほか、次の事務を行う。

一　公民館及び図書館の設置及び管理に関し、必要な指導及び調査を行うこと。

二　社会教育を行う者の研修に必要な施設の設置及び運営、講習会の開催、資料の配布等に関すること。

三　社会教育施設の設置及び運営に必要な物資の提供及びそのあつせんに関すること。

四　市町村の教育委員会との連絡に関すること。

五　その他法令によりその職務権限に属する事項

2　前条第二項の規定は、都道府県の教育委員会が地域学校協働活動の機会を提供する事業を実施する場合に準用する。

3　特定地方公共団体である都道府県にあつては、第一項の規定にかかわらず、前条第一項第四号の事務のうち特定事務に関するものは、その長が行うものとする。

第七条（教育委員会と地方公共団体の長との関係）　地方公共団体の長は、その所掌に関する必要な広報宣伝で視聴覚教育の手段を利用することその他教育の施設及び手段によることを適当とするものにつき、教育委員会に対し、その実施を依頼し、又は実施の協

力を求めることができる。

2　前項の規定は、他の行政庁がその所掌に関する必要な広報宣伝につき、教育委員会（特定地方公共団体にあつては、その長又は教育委員会）に対し、その実施を依頼し、又は実施の協力を求める場合に準用する。

第八条　教育委員会は、社会教育に関する事務を行うために必要があるときは、当該地方公共団体の長及び関係行政庁に対し、必要な資料の提供その他の協力を求めることができる。

第八条の二　特定地方公共団体の長は、特定事務のうち当該特定地方公共団体の教育委員会の所管に属する学校、社会教育施設その他の施設における教育活動と密接な関連を有するものとして当該特定地方公共団体の規則で定めるものを管理し、及び執行するに当たつては、当該教育委員会の意見を聴かなければならない。

2　特定地方公共団体の長は、前項の規則を制定し、又は改廃しようとするときは、あらかじめ、当該特定地方公共団体の教育委員会の意見を聴かなければならない。

第八条の三　特定地方公共団体の教育委員会は、特定事務の管理及び執行について、その職務に関して必要と認めるときは、当該特定地方公共団体の長に対し、意見を述べることができる。

第九条（図書館及び博物館）　図書館及び博物館は、社会教育のための機関とする。

2　図書館及び博物館に関し必要な事項は、別に法律をもつて定める。

第二章　社会教育主事等

第九条の二（社会教育主事及び社会教育主事補の設置）　都道府県及び市町村の教育委員会の事務局に、社会教育主事を置く。

2　都道府県及び市町村の教育委員会の事務局に、社会教育主事補を置くことができる。

第九条の三（社会教育主事及び社会教育主事補の職務）　社会教育主事は、社会教育を行う者に専門的技術的な助言と指導を与える。ただし、命令及び監督をしてはならない。

2　社会教育主事は、学校が社会教育関係団体、地域住民その他の関係者の協力を得て教育活動を行う場合には、その求めに応じて、必要な助言を行うことができる。

3　社会教育主事補は、社会教育主事の職務を助ける。

第九条の四（社会教育主事の資格）　次の各号のいずれかに該当する者は、社会教育主事となる資格を有する。

　一　大学に二年以上在学して六十二単位以上を修得し、又は高等専門学校を卒業し、かつ、次に掲げる期間を通算した期間が三年以上になる者で、次条の規定による社会教育主事の講習を修了したもの

　　イ　社会教育主事補の職にあつた期間

　　ロ　官公署、学校、社会教育施設又は社会教育関係団体における職で司書、学芸員その他の社会教育主事補の職と同等以上の職として文部科学大臣の指定するものにあつた期間

ハ　官公署、学校、社会教育施設又は社会教育関係団体が実施する社会教育に関係の
　　ある事業における業務であつて、社会教育主事として必要な知識又は技能の習得に
　　資するものとして文部科学大臣が指定するものに従事した期間（イ又はロに掲げる
　　期間に該当する期間を除く。）

二　教育職員の普通免許状を有し、かつ、五年以上文部科学大臣の指定する教育に関す
　　る職にあつた者で、次条の規定による社会教育主事の講習を修了したもの

三　大学に二年以上在学して、六十二単位以上を修得し、かつ、大学において文部科学
　　省令で定める社会教育に関する科目の単位を修得した者で、第一号イからハまでに掲
　　げる期間を通算した期間が一年以上になるもの

四　次条の規定による社会教育主事の講習を修了した者（第一号及び第二号に掲げる者
　　を除く。）で、社会教育に関する専門的事項について前三号に掲げる者に相当する教
　　養と経験があると都道府県の教育委員会が認定したもの

第九条の五（社会教育主事の講習）　社会教育主事の講習は、文部科学大臣の委嘱を受け
た大学その他の教育機関が行う。

2　受講資格その他社会教育主事の講習に関し必要な事項は、文部科学省令で定める。

第九条の六（社会教育主事及び社会教育主事補の研修）　社会教育主事及び社会教育主事
補の研修は、任命権者が行うもののほか、文部科学大臣及び都道府県が行う。

第九条の七（地域学校協働活動推進員）　教育委員会は、地域学校協働活動の円滑かつ効
果的な実施を図るため、社会的信望があり、かつ、地域学校協働活動の推進に熱意と識
見を有する者のうちから、地域学校協働活動推進員を委嘱することができる。

2　地域学校協働活動推進員は、地域学校協働活動に関する事項につき、教育委員会の施
策に協力して、地域住民等と学校との間の情報の共有を図るとともに、地域学校協働活
動を行う地域住民等に対する助言その他の援助を行う。

第三章　社会教育関係団体

第十条（社会教育関係団体の定義）　この法律で「社会教育関係団体」とは、法人である
と否とを問わず、公の支配に属しない団体で社会教育に関する事業を行うことを主たる
目的とするものをいう。

第十一条（文部科学大臣及び教育委員会との関係）　文部科学大臣及び教育委員会は、社会
教育関係団体の求めに応じ、これに対し、専門的技術的指導又は助言を与えることがで
きる。

2　文部科学大臣及び教育委員会は、社会教育関係団体の求めに応じ、これに対し、社会
教育に関する事業に必要な物資の確保につき援助を行う。

第十二条（国及び地方公共団体との関係）　国及び地方公共団体は、社会教育関係団体に
対し、いかなる方法によつても、不当に統制的支配を及ぼし、又はその事業に干渉を加
えてはならない。

第十三条（審議会等への諮問）　国又は地方公共団体が社会教育関係団体に対し補助金を

交付しようとする場合には、あらかじめ、国にあつては文部科学大臣が審議会等（国家行政組織法（昭和二十三年法律第百二十号）第八条に規定する機関をいう。第五十一条第三項において同じ。）で政令で定めるものの、地方公共団体にあつては教育委員会が社会教育委員の会議（社会教育委員が置かれていない場合には、条例で定めるところにより社会教育に係る補助金の交付に関する事項を調査審議する審議会その他の合議制の機関）の意見を聴いて行わなければならない。

第十四条（報告）　文部科学大臣及び教育委員会は、社会教育関係団体に対し、指導資料の作製及び調査研究のために必要な報告を求めることができる。

第四章　社会教育委員

第十五条（社会教育委員の設置）　都道府県及び市町村に社会教育委員を置くことができる。

2　社会教育委員は、教育委員会が委嘱する。

第十六条　削除

第十七条（社会教育委員の職務）　社会教育委員は、社会教育に関し教育委員会に助言するため、次の職務を行う。

一　社会教育に関する諸計画を立案すること。

二　定時又は臨時に会議を開き、教育委員会の諮問に応じ、これに対して、意見を述べること。

三　前二号の職務を行うために必要な研究調査を行うこと。

2　社会教育委員は、教育委員会の会議に出席して社会教育に関し意見を述べることができる。

3　市町村の社会教育委員は、当該市町村の教育委員会から委嘱を受けた青少年教育に関する特定の事項について、社会教育関係団体、社会教育指導者その他関係者に対し、助言と指導を与えることができる。

第十八条（社会教育委員の委嘱の基準等）　社会教育委員の委嘱の基準、定数及び任期その他社会教育委員に関し必要な事項は、当該地方公共団体の条例で定める。この場合において、社会教育委員の委嘱の基準については、文部科学省令で定める基準を参酌するものとする。

第十九条　削除

第五章　公民館

第二十条（目的）　公民館は、市町村その他一定区域内の住民のために、実際生活に即する教育、学術及び文化に関する各種の事業を行い、もつて住民の教養の向上、健康の増進、情操の純化を図り、生活文化の振興、社会福祉の増進に寄与することを目的とする。

第二十一条（公民館の設置者）　公民館は、市町村が設置する。

2　前項の場合を除くほか、公民館は、公民館の設置を目的とする一般社団法人又は一般財団法人（以下この章において「法人」という。）でなければ設置することができない。

3　公民館の事業の運営上必要があるときは、公民館に分館を設けることができる。

第二十二条（公民館の事業）　公民館は、第二十条の目的達成のために、おおむね、左の事業を行う。但し、この法律及び他の法令によつて禁じられたものは、この限りでない。

一　定期講座を開設すること。

二　討論会、講習会、講演会、実習会、展示会等を開催すること。

三　図書、記録、模型、資料等を備え、その利用を図ること。

四　体育、レクリエーション等に関する集会を開催すること。

五　各種の団体、機関等の連絡を図ること。

六　その施設を住民の集会その他の公共的利用に供すること。

第二十三条（公民館の運営方針）　公民館は、次の行為を行つてはならない。

一　もつぱら営利を目的として事業を行い、特定の営利事業に公民館の名称を利用させその他営利事業を援助すること。

二　特定の政党の利害に関する事業を行い、又は公私の選挙に関し、特定の候補者を支持すること。

2　市町村の設置する公民館は、特定の宗教を支持し、又は特定の教派、宗派若しくは教団を支援してはならない。

第二十三条の二（公民館の基準）　文部科学大臣は、公民館の健全な発達を図るために、公民館の設置及び運営上必要な基準を定めるものとする。

2　文部科学大臣及び都道府県の教育委員会は、市町村の設置する公民館が前項の基準に従つて設置され及び運営されるように、当該市町村に対し、指導、助言その他の援助に努めるものとする。

第二十四条（公民館の設置）　市町村が公民館を設置しようとするときは、条例で、公民館の設置及び管理に関する事項を定めなければならない。

第二十五条及び第二十六条　削除

第二十七条（公民館の職員）　公民館に館長を置き、主事その他必要な職員を置くことができる。

2　館長は、公民館の行う各種の事業の企画実施その他必要な事務を行い、所属職員を監督する。

3　主事は、館長の命を受け、公民館の事業の実施にあたる。

第二十八条　市町村の設置する公民館の館長、主事その他必要な職員は、当該市町村の教育委員会（特定地方公共団体である市町村の長がその設置、管理及び廃止に関する事務を管理し、及び執行することとされた公民館（第三十条第一項及び第四十条第一項において「特定公民館」という。）の館長、主事その他必要な職員にあつては、当該市町村の長）が任命する。

第二十八条の二（公民館の職員の研修）　第九条の六の規定は、公民館の職員の研修について準用する。

第二十九条（公民館運営審議会）　公民館に公民館運営審議会を置くことができる。

2　公民館運営審議会は、館長の諮問に応じ、公民館における各種の事業の企画実施につき調査審議するものとする。

第三十条　市町村の設置する公民館にあつては、公民館運営審議会の委員は、当該市町村の教育委員会（特定公民館に置く公民館運営審議会の委員にあつては、当該市町村の長）が委嘱する。

2　前項の公民館運営審議会の委員の委嘱の基準、定数及び任期その他当該公民館運営審議会に関し必要な事項は、当該市町村の条例で定める。この場合において、委員の委嘱の基準については、文部科学省令で定める基準を参酌するものとする。

第三十一条　法人の設置する公民館に公民館運営審議会を置く場合にあつては、その委員は、当該法人の役員をもつて充てるものとする。

第三十二条（運営の状況に関する評価等）　公民館は、当該公民館の運営の状況について評価を行うとともに、その結果に基づき公民館の運営の改善を図るため必要な措置を講ずるよう努めなければならない。

第三十二条の二（運営の状況に関する情報の提供）　公民館は、当該公民館の事業に関する地域住民その他の関係者の理解を深めるとともに、これらの者との連携及び協力の推進に資するため、当該公民館の運営の状況に関する情報を積極的に提供するよう努めなければならない。

第三十三条（基金）　公民館を設置する市町村にあつては、公民館の維持運営のために、地方自治法（昭和二十二年法律第六十七号）第二百四十一条の基金を設けることができる。

第三十四条（特別会計）　公民館を設置する市町村にあつては、公民館の維持運営のために、特別会計を設けることができる。

第三十五条（公民館の補助）　国は、公民館を設置する市町村に対し、予算の範囲内において、公民館の施設、設備に要する経費その他必要な経費の一部を補助することができる。

2　前項の補助金の交付に関し必要な事項は、政令で定める。

第三十六条　削除

第三十七条　都道府県が地方自治法第二百三十二条の二の規定により、公民館の運営に要する経費を補助する場合において、文部科学大臣は、政令の定めるところにより、その補助金の額、補助の比率、補助の方法その他必要な事項につき報告を求めることができる。

第三十八条　国庫の補助を受けた市町村は、左に掲げる場合においては、その受けた補助金を国庫に返還しなければならない。

　一　公民館がこの法律若しくはこの法律に基く命令又はこれらに基いてした処分に違反したとき。

　二　公民館がその事業の全部若しくは一部を廃止し、又は第二十条に掲げる目的以外の用途に利用されるようになつたとき。

　三　補助金交付の条件に違反したとき。

　四　虚偽の方法で補助金の交付を受けたとき。

第三十九条（法人の設置する公民館の指導）　文部科学大臣及び都道府県の教育委員会は、

法人の設置する公民館の運営その他に関し、その求めに応じて、必要な指導及び助言を与えることができる。

第四十条（公民館の事業又は行為の停止）　公民館が第二十三条の規定に違反する行為を行つたときは、市町村の設置する公民館にあつては当該市町村の教育委員会（特定公民館にあつては、当該市町村の長）、法人の設置する公民館にあつては都道府県の教育委員会は、その事業又は行為の停止を命ずることができる。

2　前項の規定による法人の設置する公民館の事業又は行為の停止命令に関し必要な事項は、都道府県の条例で定めることができる。

第四十一条（罰則）　前条第一項の規定による公民館の事業又は行為の停止命令に違反する行為をした者は、一年以下の懲役若しくは禁錮又は三万円以下の罰金に処する。

第四十二条（公民館類似施設）　公民館に類似する施設は、何人もこれを設置することができる。

2　前項の施設の運営その他に関しては、第三十九条の規定を準用する。

第六章　学校施設の利用

第四十三条（適用範囲）　社会教育のためにする国立学校（学校教育法第一条に規定する学校（以下この条において「第一条学校」という。）及び就学前の子どもに関する教育、保育等の総合的な提供の推進に関する法律第二条第七項に規定する幼保連携型認定こども園（以下「幼保連携型認定こども園」という。）であつて国（国立大学法人法（平成十五年法律第百十二号）第二条第一項に規定する国立大学法人（次条第二項において「国立大学法人」という。）及び独立行政法人国立高等専門学校機構を含む。）が設置するものをいう。以下同じ。）又は公立学校（第一条学校及び幼保連携型認定こども園であつて地方公共団体（地方独立行政法人法（平成十五年法律第百十八号）第六十八条第一項に規定する公立大学法人（次条第二項及び第四十八条第一項において「公立大学法人」という。）を含む。）が設置するものをいう。以下同じ。）の施設の利用に関しては、この章の定めるところによる。

第四十四条（学校施設の利用）　学校（国立学校又は公立学校をいう。以下この章において同じ。）の管理機関は、学校教育上支障がないと認める限り、その管理する学校の施設を社会教育のために利用に供するように努めなければならない。

2　前項において「学校の管理機関」とは、国立学校にあつては設置者である国立大学法人の学長若しくは理事長又は独立行政法人国立高等専門学校機構の理事長、公立学校のうち、大学及び幼保連携型認定こども園にあつては設置者である地方公共団体の長又は公立大学法人の理事長、大学及び幼保連携型認定こども園以外の公立学校にあつては設置者である地方公共団体に設置されている教育委員会又は公立大学法人の理事長をいう。

第四十五条（学校施設利用の許可）　社会教育のために学校の施設を利用しようとする者は、当該学校の管理機関の許可を受けなければならない。

2　前項の規定により、学校の管理機関が学校施設の利用を許可しようとするときは、あらかじめ、学校の長の意見を聞かなければならない。

第四十六条　国又は地方公共団体が社会教育のために、学校の施設を利用しようとするときは、前条の規定にかかわらず、当該学校の管理機関と協議するものとする。

第四十七条　第四十五条の規定による学校施設の利用が一時的である場合には、学校の管理機関は、同条第一項の許可に関する権限を学校の長に委任することができる。

2　前項の権限の委任その他学校施設の利用に関し必要な事項は、学校の管理機関が定める。

第四十八条（社会教育の講座）　文部科学大臣は国立学校に対し、地方公共団体の長は当該地方公共団体が設置する大学若しくは幼保連携型認定こども園又は当該地方公共団体が設立する公立大学法人が設置する公立学校に対し、地方公共団体に設置されている教育委員会は当該地方公共団体が設置する大学及び幼保連携型認定こども園以外の公立学校に対し、その教育組織及び学校の施設の状況に応じ、文化講座、専門講座、夏期講座、社会学級講座等学校施設の利用による社会教育のための講座の開設を求めることができる。

2　文化講座は、成人の一般的教養に関し、専門講座は、成人の専門的学術知識に関し、夏期講座は、夏期休暇中、成人の一般的教養又は専門的学術知識に関し、それぞれ大学、高等専門学校又は高等学校において開設する。

3　社会学級講座は、成人の一般的教養に関し、小学校、中学校又は義務教育学校において開設する。

4　第一項の規定する講座を担当する講師の報酬その他必要な経費は、予算の範囲内において、国又は地方公共団体が負担する。

第七章　通信教育

第四十九条（適用範囲）　学校教育法第五十四条、第七十条第一項、第八十二条及び第八十四条の規定により行うものを除き、通信による教育に関しては、この章の定めるところによる。

第五十条（通信教育の定義）　この法律において「通信教育」とは、通信の方法により一定の教育計画の下に、教材、補助教材等を受講者に送付し、これに基き、設問解答、添削指導、質疑応答等を行う教育をいう。

2　通信教育を行う者は、その計画実現のために、必要な指導者を置かなければならない。

第五十一条（通信教育の認定）　文部科学大臣は、学校又は一般社団法人若しくは一般財団法人の行う通信教育で社会教育上奨励すべきものについて、通信教育の認定（以下「認定」という。）を与えることができる。

2　認定を受けようとする者は、文部科学大臣の定めるところにより、文部科学大臣に申請しなければならない。

3　文部科学大臣が、第一項の規定により、認定を与えようとするときは、あらかじめ、第十三条の政令で定める審議会等に諮問しなければならない。

第五十二条（認定手数料）　文部科学大臣は、認定を申請する者から実費の範囲内において文部科学省令で定める額の手数料を徴収することができる。ただし、国立学校又は公

立学校が行う通信教育に関しては、この限りでない。

第五十三条　削除

第五十四条（郵便料金の特別取扱）　認定を受けた通信教育に要する郵便料金については、郵便法（昭和二十二年法律第百六十五号）の定めるところにより、特別の取扱を受けるものとする。

第五十五条（通信教育の廃止）　認定を受けた通信教育を廃止しようとするとき、又はその条件を変更しようとするときは、文部科学大臣の定めるところにより、その許可を受けなければならない。

2　前項の許可に関しては、第五十一条第三項の規定を準用する。

第五十六条（報告及び措置）　文部科学大臣は、認定を受けた者に対し、必要な報告を求め、又は必要な措置を命ずることができる。

第五十七条（認定の取消）　認定を受けた者がこの法律若しくはこの法律に基く命令又はこれらに基いてした処分に違反したときは、文部科学大臣は、認定を取り消すことができる。

2　前項の認定の取消に関しては、第五十一条第三項の規定を準用する。

附　則　抄

1　（施行期日）　この法律は、刑法等一部改正法施行日から施行する。ただし、次の各号に掲げる規定は、当該各号に定める日から施行する。

一　第五百九条の規定　公布の日

公民館の設置及び運営に関する基準

2003年（平成15年）6月6日 文部科学省告示

第1条（趣旨）　この基準は、社会教育法（昭和24年法律第207号）第23条の2第1項の規定に基づく公民館の設置及び運営上必要な基準であり、公民館の健全な発達を図ることを目的とする。

2　公民館及びその設置者は、この基準に基づき、公民館の水準の維持及び向上に努めるものとする。

第2条（対象区域）　公民館を設置する市（特別区を含む。以下同じ。）町村は、公民館活動の効果を高めるため、人口密度、地形、交通条件、日常生活圏、社会教育関係団体の活動状況等を勘案して、当該市町村の区域内において、公民館の事業の主たる対象となる区域（第6条第2項において「対象区域」という。）を定めるものとする。

第3条（地域の学習拠点としての機能の発揮）　公民館は、講座の開設、講習会の開催等

を自ら行うとともに、必要に応じて学校、社会教育施設、社会教育関係団体、NPO（特定非営利活動促進法（平成10年法律第7号）第2条第2項に規定する特定非営利活動法人をいう。）その他の民間団体、関係行政機関等と共同してこれらを行う等の方法により、多様な学習機会の提供に努めるものとする。

2　公民館は、地域住民の学習活動に資するよう、インターネットその他の高度情報通信ネットワークの活用等の方法により、学習情報の提供の充実に努めるものとする。

第4条（地域の家庭教育支援拠点としての機能の発揮）　公民館は、家庭教育に関する学習機会及び学習情報の提供、相談及び助言の実施、交流機会の提供等の方法により、家庭教育への支援の充実に努めるものとする。

第5条（奉仕活動・体験活動の推進）　公民館は、ボランティアの養成のための研修会を開催する等の方法により、奉仕活動・体験活動に関する学習機会及び学習情報の提供の充実に努めるものとする。

第6条（学校、家庭及び地域社会との連携等）　公民館は、事業を実施するに当たっては、関係機関及び関係団体との緊密な連絡、協力等の方法により、学校、家庭及び地域社会との連携の推進に努めるものとする。

2　公民館は、対象区域内に公民館に類似する施設がある場合には、必要な協力及び支援に努めるものとする。

3　公民館は、その実施する事業への青少年、高齢者、障害者、乳幼児の保護者等の参加を促進するよう努めるものとする。

4　公民館は、その実施する事業において、地域住民等の学習の成果並びに知識及び技能を生かすことができるよう努めるものとする。

第7条（地域の実情を踏まえた運営）　公民館の設置者は、社会教育法第29条第1項に規定する公民館運営審議会を置く等の方法により、地域の実情に応じ、地域住民の意向を適切に反映した公民館の運営がなされるよう努めるものとする。

2　公民館は、開館日及び開館時間の設定に当たっては、地域の実情を勘案し、夜間開館の実施等の方法により、地域住民の利用の便宜を図るよう努めるのとする。

第8条（職員）　公民館に館長を置き、公民館の規模及び活動状況に応じて主事その他必要な職員を置くよう努めるものとする。

2　公民館の館長及び主事には、社会教育に関する識見と経験を有し、かつ公民館の事業に関する専門的な知識及び技術を有する者をもって充てるよう努めるものとする。

3　公民館の設置者は、館長、主事その他職員の資質及び能力の向上を図るため、研修の機会の充実に努めるものとする。

第9条（施設及び設備）　公民館は、その目的を達成するため、地域の実情に応じて、必要な施設及び設備を備えるものとする。

2　公民館は、青少年、高齢者、障害者、乳幼児の保護者等の利用の促進を図るため必要な施設及び設備を備えるよう努めるものとする。

第10条（事業の自己評価等）　公民館は、事業の水準の向上を図り、当該公民館の目的を

達成するため、各年度の事業の状況について、公民館運営審議会等の協力を得つつ、自ら点検及び評価を行い、その結果を地域住民に対して公表するよう努めるものとする。

附　則

この告示は、公布の日から施行する。

図書館法（抄）

1950年（昭和25年）4月30日公布
2019年（令和元年）6月7日最終改正

第一章　総則

第一条（この法律の目的）　この法律は、社会教育法（昭和二十四年法律第二百七号）の精神に基き、図書館の設置及び運営に関して必要な事項を定め、その健全な発達を図り、もつて国民の教育と文化の発展に寄与することを目的とする。

第二条（定義）　この法律において「図書館」とは、図書、記録その他必要な資料を収集し、整理し、保存して、一般公衆の利用に供し、その教養、調査研究、レクリエーション等に資することを目的とする施設で、地方公共団体、日本赤十字社又は一般社団法人若しくは一般財団法人が設置するもの（学校に附属する図書館又は図書室を除く。）をいう。

2　前項の図書館のうち、地方公共団体の設置する図書館を公立図書館といい、日本赤十字社又は一般社団法人若しくは一般財団法人の設置する図書館を私立図書館という。

第三条（図書館奉仕）　図書館は、図書館奉仕のため、土地の事情及び一般公衆の希望に沿い、更に学校教育を援助し、及び家庭教育の向上に資することとなるように留意し、おおむね次に掲げる事項の実施に努めなければならない。

一　郷土資料、地方行政資料、美術品、レコード及びフィルムの収集にも十分留意して、図書、記録、視聴覚教育の資料その他必要な資料（電磁的記録（電子的方式、磁気的方式その他人の知覚によつては認識することができない方式で作られた記録をいう。）を含む。以下「図書館資料」という。）を収集し、一般公衆の利用に供すること。

二　図書館資料の分類排列を適切にし、及びその目録を整備すること。

三　図書館の職員が図書館資料について十分な知識を持ち、その利用のための相談に応ずるようにすること。

四　他の図書館、国立国会図書館、地方公共団体の議会に附置する図書室及び学校に附属する図書館又は図書室と緊密に連絡し、協力し、図書館資料の相互貸借を行うこと。

五　分館、閲覧所、配本所等を設置し、及び自動車文庫、貸出文庫の巡回を行うこと。

六　読書会、研究会、鑑賞会、映写会、資料展示会等を主催し、及びこれらの開催を奨励すること。

七　時事に関する情報及び参考資料を紹介し、及び提供すること。

八　社会教育における学習の機会を利用して行つた学習の成果を活用して行う教育活動その他の活動の機会を提供し、及びその提供を奨励すること。

九　学校、博物館、公民館、研究所等と緊密に連絡し、協力すること。

第四条（司書及び司書補）　図書館に置かれる専門的職員を司書及び司書補と称する。

2　司書は、図書館の専門的事務に従事する。

3　司書補は、司書の職務を助ける。

第二章　公立図書館

第十三条（職員）　公立図書館に館長並びに当該図書館を設置する地方公共団体の教育委員会（特定地方公共団体の長がその設置、管理及び廃止に関する事務を管理し、及び執行することとされた図書館（第十五条において「特定図書館」という。）にあつては、当該特定地方公共団体の長）が必要と認める専門的職員、事務職員及び技術職員を置く。

2　館長は、館務を掌理し、所属職員を監督して、図書館奉仕の機能の達成に努めなければならない。

第十四条（図書館協議会）　公立図書館に図書館協議会を置くことができる。

2　図書館協議会は、図書館の運営に関し館長の諮問に応ずるとともに、図書館の行う図書館奉仕につき、館長に対して意見を述べる機関とする。

第十五条　図書館協議会の委員は、当該図書館を設置する地方公共団体の教育委員会（特定図書館に置く図書館協議会の委員にあつては、当該地方公共団体の長）が任命する。

第十六条　図書館協議会の設置、その委員の任命の基準、定数及び任期その他図書館協議会に関し必要な事項については、当該図書館を設置する地方公共団体の条例で定めなければならない。この場合において、委員の任命の基準については、文部科学省令で定める基準を参酌するものとする。

第十七条（入館料等）　公立図書館は、入館料その他図書館資料の利用に対するいかなる対価をも徴収してはならない。

博物館法（抄）

1951年（昭和26年）12月1日公布

2023年（令和5年）4月1日最終改正

第一章　総則

第一条（目的）　この法律は、社会教育法（昭和二十四年法律第二百七号）及び文化芸術基本法（平成十三年法律第百四十八号）の精神に基づき、博物館の設置及び運営に関し

て必要な事項を定め、その健全な発達を図り、もつて国民の教育、学術及び文化の発展に寄与することを目的とする。

第二条（定義）　この法律において「博物館」とは、歴史、芸術、民俗、産業、自然科学等に関する資料を収集し、保管（育成を含む。以下同じ。）し、展示して教育的配慮の下に一般公衆の利用に供し、その教養、調査研究、レクリエーション等に資するために必要な事業を行い、併せてこれらの資料に関する調査研究をすることを目的とする機関（社会教育法による公民館及び図書館法（昭和二十五年法律第百十八号）による図書館を除く。）のうち、次章の規定による登録を受けたものをいう。

2　この法律において「公立博物館」とは、地方公共団体又は地方独立行政法人（地方独立行政法人法（平成十五年法律第百十八号）第二条第一項に規定する地方独立行政法人をいう。以下同じ。）の設置する博物館をいう。

3　この法律において「私立博物館」とは、博物館のうち、公立博物館以外のものをいう。

4　この法律において「博物館資料」とは、博物館が収集し、保管し、又は展示する資料（電磁的記録（電子的方式、磁気的方式その他人の知覚によつては認識することができない方式で作られた記録をいう。次条第一項第三号において同じ。）を含む。）をいう。

第三条（博物館の事業）　博物館は、前条第一項に規定する目的を達成するため、おおむね次に掲げる事業を行う。

一　実物、標本、模写、模型、文献、図表、写真、フィルム、レコード等の博物館資料を豊富に収集し、保管し、及び展示すること。

二　分館を設置し、又は博物館資料を当該博物館外で展示すること。

三　博物館資料に係る電磁的記録を作成し、公開すること。

四　一般公衆に対して、博物館資料の利用に関し必要な説明、助言、指導等を行い、又は研究室、実験室、工作室、図書室等を設置してこれを利用させること。

五　博物館資料に関する専門的、技術的な調査研究を行うこと。

六　博物館資料の保管及び展示等に関する技術的研究を行うこと。

七　博物館資料に関する案内書、解説書、目録、図録、年報、調査研究の報告書等を作成し、及び頒布すること。

八　博物館資料に関する講演会、講習会、映写会、研究会等を主催し、及びその開催を援助すること。

九　当該博物館の所在地又はその周辺にある文化財保護法（昭和二十五年法律第二百十四号）の適用を受ける文化財について、解説書又は目録を作成する等一般公衆の当該文化財の利用の便を図ること。

十　社会教育における学習の機会を利用して行つた学習の成果を活用して行う教育活動その他の活動の機会を提供し、及びその提供を奨励すること。

十一　学芸員その他の博物館の事業に従事する人材の養成及び研修を行うこと。

十二　学校、図書館、研究所、公民館等の教育、学術又は文化に関する諸施設と協力し、その活動を援助すること。

2　博物館は、前項各号に掲げる事業の充実を図るため、他の博物館、第三十一条第二項に規定する指定施設その他これらに類する施設との間において、資料の相互貸借、職員の交流、刊行物及び情報の交換その他の活動を通じ、相互に連携を図りながら協力するよう努めるものとする。

3　博物館は、第一項各号に掲げる事業の成果を活用するとともに、地方公共団体、学校、社会教育施設その他の関係機関及び民間団体と相互に連携を図りながら協力し、当該博物館が所在する地域における教育、学術及び文化の振興、文化観光（有形又は無形の文化的所産その他の文化に関する資源（以下この項において「文化資源」という。）の観覧、文化資源に関する体験活動その他の活動を通じて文化についての理解を深めることを目的とする観光をいう。）その他の活動の推進を図り、もつて地域の活力の向上に寄与するよう努めるものとする。

第四条（館長、学芸員その他の職員）　博物館に、館長を置く。

2　館長は、館務を掌理し、所属職員を監督して、博物館の任務の達成に努める。

3　博物館に、専門的職員として学芸員を置く。

4　学芸員は、博物館資料の収集、保管、展示及び調査研究その他これと関連する事業についての専門的事項をつかさどる。

5　博物館に、館長及び学芸員のほか、学芸員補その他の職員を置くことができる。

6　学芸員補は、学芸員の職務を助ける。

第三章　公立博物館

第二十三条（博物館協議会）　公立博物館に、博物館協議会を置くことができる。

2　博物館協議会は、博物館の運営に関し館長の諮問に応ずるとともに、館長に対して意見を述べる機関とする。

第二十四条　博物館協議会の委員は、地方公共団体の設置する博物館にあつては当該博物館を設置する地方公共団体の教育委員会（地方教育行政の組織及び運営に関する法律（昭和三十一年法律第百六十二号）第二十三条第一項の条例の定めるところにより地方公共団体の長が当該博物館の設置、管理及び廃止に関する事務を管理し、及び執行することとされている場合にあつては、当該地方公共団体の長）が、地方独立行政法人の設置する博物館にあつては当該地方独立行政法人の理事長がそれぞれ任命する。

第二十五条　博物館協議会の設置、その委員の任命の基準、定数及び任期その他博物館協議会に関し必要な事項は、地方公共団体の設置する博物館にあつては当該博物館を設置する地方公共団体の条例で、地方独立行政法人の設置する博物館にあつては当該地方独立行政法人の規程でそれぞれ定めなければならない。この場合において、委員の任命の基準については、文部科学省令で定める基準を参酌するものとする。

第二十六条（入館料等）　公立博物館は、入館料その他博物館資料の利用に対する対価を徴収してはならない。ただし、博物館の維持運営のためにやむを得ない事情のある場合は、必要な対価を徴収することができる。

スポーツ基本法（抄）

2011年（平成23年）6月24日公布
2023年（令和5年）1月1日最終改正

第一章　総則

第一条（目的）　この法律は、スポーツに関し、基本理念を定め、並びに国及び地方公共団体の責務並びにスポーツ団体の努力等を明らかにするとともに、スポーツに関する施策の基本となる事項を定めることにより、スポーツに関する施策を総合的かつ計画的に推進し、もって国民の心身の健全な発達、明るく豊かな国民生活の形成、活力ある社会の実現及び国際社会の調和ある発展に寄与することを目的とする。

第二条（基本理念）　スポーツは、これを通じて幸福で豊かな生活を営むことが人々の権利であることに鑑み、国民が生涯にわたりあらゆる機会とあらゆる場所において、自主的かつ自律的にその適性及び健康状態に応じて行うことができるようにすることを旨として、推進されなければならない。

2　スポーツは、とりわけ心身の成長の過程にある青少年のスポーツが、体力を向上させ、公正さと規律を尊ぶ態度や克己心を培う等人格の形成に大きな影響を及ぼすものであり、国民の生涯にわたる健全な心と身体を培い、豊かな人間性を育む基礎となるものであるとの認識の下に、学校、スポーツ団体（スポーツの振興のための事業を行うことを主たる目的とする団体をいう。以下同じ。）、家庭及び地域における活動の相互の連携を図りながら推進されなければならない。

3　スポーツは、人々がその居住する地域において、主体的に協働することにより身近に親しむことができるようにするとともに、これを通じて、当該地域における全ての世代の人々の交流が促進され、かつ、地域間の交流の基盤が形成されるものとなるよう推進されなければならない。

4　スポーツは、スポーツを行う者の心身の健康の保持増進及び安全の確保が図られるよう推進されなければならない。

5　スポーツは、障害者が自主的かつ積極的にスポーツを行うことができるよう、障害の種類及び程度に応じ必要な配慮をしつつ推進されなければならない。

6　スポーツは、我が国のスポーツ選手（プロスポーツの選手を含む。以下同じ。）が国際競技大会（オリンピック競技大会、パラリンピック競技大会その他の国際的な規模のスポーツの競技会をいう。以下同じ。）又は全国的な規模のスポーツの競技会において優秀な成績を収めることができるよう、スポーツに関する競技水準（以下「競技水準」という。）の向上に資する諸施策相互の有機的な連携を図りつつ、効果的に推進されなければならない。

7　スポーツは、スポーツに係る国際的な交流及び貢献を推進することにより、国際相互理解の増進及び国際平和に寄与するものとなるよう推進されなければならない。

8　スポーツは、スポーツを行う者に対し、不当に差別的取扱いをせず、また、スポーツに関するあらゆる活動を公正かつ適切に実施することを旨として、ドーピングの防止の

重要性に対する国民の認識を深めるなど、スポーツに対する国民の幅広い理解及び支援が得られるよう推進されなければならない。

第三条（国の責務）　国は、前条の基本理念（以下「基本理念」という。）にのっとり、スポーツに関する施策を総合的に策定し、及び実施する責務を有する。

第四条（地方公共団体の責務）　地方公共団体は、基本理念にのっとり、スポーツに関する施策に関し、国との連携を図りつつ、自主的かつ主体的に、その地域の特性に応じた施策を策定し、及び実施する責務を有する。

第三章　基本的施策

第十一条（指導者等の養成等）　国及び地方公共団体は、スポーツの指導者その他スポーツの推進に寄与する人材（以下「指導者等」という。）の養成及び資質の向上並びにその活用のため、系統的な養成システムの開発又は利用への支援、研究集会又は講習会（以下「研究集会等」という。）の開催その他の必要な施策を講ずるよう努めなければならない。

第十二条（スポーツ施設の整備等）　国及び地方公共団体は、国民が身近にスポーツに親しむことができるようにするとともに、競技水準の向上を図ることができるよう、スポーツ施設（スポーツの設備を含む。以下同じ。）の整備、利用者の需要に応じたスポーツ施設の運用の改善、スポーツ施設への指導者等の配置その他の必要な施策を講ずるよう努めなければならない。

2　前項の規定によりスポーツ施設を整備するに当たっては、当該スポーツ施設の利用の実態等に応じて、安全の確保を図るとともに、障害者等の利便性の向上を図るよう努めるものとする。

第二十一条（地域におけるスポーツの振興のための事業への支援等）　国及び地方公共団体は、国民がその興味又は関心に応じて身近にスポーツに親しむことができるよう、住民が主体的に運営するスポーツ団体（以下「地域スポーツクラブ」という。）が行う地域におけるスポーツの振興のための事業への支援、住民が安全かつ効果的にスポーツを行うための指導者等の配置、住民が快適にスポーツを行い相互に交流を深めることができるスポーツ施設の整備その他の必要な施策を講ずるよう努めなければならない。

第四章　スポーツの推進に係る体制の整備

第三十一条（都道府県及び市町村のスポーツ推進審議会等）　都道府県及び市町村に、地方スポーツ推進計画その他のスポーツの推進に関する重要事項を調査審議させるため、条例で定めるところにより、審議会その他の合議制の機関（以下「スポーツ推進審議会等」という。）を置くことができる。

第三十二条（スポーツ推進委員）　市町村の教育委員会（特定地方公共団体にあっては、その長）は、当該市町村におけるスポーツの推進に係る体制の整備を図るため、社会的信望があり、スポーツに関する深い関心と理解を有し、及び次項に規定する職務を行う

のに必要な熱意と能力を有する者の中から、スポーツ推進委員を委嘱するものとする。

2　スポーツ推進委員は、当該市町村におけるスポーツの推進のため、教育委員会規則（特定地方公共団体にあっては、地方公共団体の規則）の定めるところにより、スポーツの推進のための事業の実施に係る連絡調整並びに住民に対するスポーツの実技の指導その他スポーツに関する指導及び助言を行うものとする。

3　スポーツ推進委員は、非常勤とする。

第五章　国の補助等

第三十三条（国の補助）　国は、地方公共団体に対し、予算の範囲内において、政令で定めるところにより、次に掲げる経費について、その一部を補助する。

　一　国民スポーツ大会及び全国障害者スポーツ大会の実施及び運営に要する経費であって、これらの開催地の都道府県において要するもの

　二　その他スポーツの推進のために地方公共団体が行う事業に要する経費であって特に必要と認められるもの

2　国は、学校法人に対し、その設置する学校のスポーツ施設の整備に要する経費について、予算の範囲内において、その一部を補助することができる。この場合においては、私立学校振興助成法（昭和五十年法律第六十一号）第十一条から第十三条までの規定の適用があるものとする。

3　国は、スポーツ団体であってその行う事業が我が国のスポーツの振興に重要な意義を有すると認められるものに対し、当該事業に関し必要な経費について、予算の範囲内において、その一部を補助することができる。

第三十四条（地方公共団体の補助）　地方公共団体は、スポーツ団体に対し、その行うスポーツの振興のための事業に関し必要な経費について、その一部を補助することができる。

第三十五条（審議会等への諮問等）　国又は地方公共団体が第三十三条第三項又は前条の規定により社会教育関係団体（社会教育法（昭和二十四年法律第二百七号）第十条に規定する社会教育関係団体をいう。）であるスポーツ団体に対し補助金を交付しようとする場合には、あらかじめ、国にあっては文部科学大臣が第九条第二項の政令で定める審議会等の、地方公共団体にあっては教育委員会（特定地方公共団体におけるスポーツに関する事務（学校における体育に関する事務を除く。）に係る補助金の交付については、その長）がスポーツ推進審議会等その他の合議制の機関の意見を聴かなければならない。この意見を聴いた場合においては、同法第十三条の規定による意見を聴くことを要しない。

義務教育の段階における普通教育に相当する
教育の機会の確保等に関する法律

2016年（平成28年）12月14日公布
2023年（令和5年）4月1日最終改正

第一章　総則

第一条（目的）　この法律は、教育基本法（平成十八年法律第百二十号）及び児童の権利
に関する条約等の教育に関する条約の趣旨にのっとり、教育機会の確保等に関する施策
に関し、基本理念を定め、並びに国及び地方公共団体の責務を明らかにするとともに、
基本指針の策定その他の必要な事項を定めることにより、教育機会の確保等に関する施
策を総合的に推進することを目的とする。

第二条（定義）　この法律において、次の各号に掲げる用語の意義は、それぞれ当該各号
に定めるところによる。

一　学校　学校教育法（昭和二十二年法律第二十六号）第一条に規定する小学校、中学校、
　義務教育学校、中等教育学校の前期課程又は特別支援学校の小学部若しくは中学部を
　いう。

二　児童生徒　学校教育法第十八条に規定する学齢児童又は学齢生徒をいう。

三　不登校児童生徒　相当の期間学校を欠席する児童生徒であって、学校における集団
　の生活に関する心理的な負担その他の事由のために就学が困難である状況として文部
　科学大臣が定める状況にあると認められるものをいう。

四　教育機会の確保等　不登校児童生徒に対する教育の機会の確保、夜間その他特別な時
　間において授業を行う学校における就学の機会の提供その他の義務教育の段階における
　普通教育に相当する教育の機会の確保及び当該教育を十分に受けていない者に対する
　支援をいう。

第三条（基本理念）　教育機会の確保等に関する施策は、次に掲げる事項を基本理念とし
て行われなければならない。

一　全ての児童生徒が豊かな学校生活を送り、安心して教育を受けられるよう、学校に
　おける環境の確保が図られるようにすること。

二　不登校児童生徒が行う多様な学習活動の実情を踏まえ、個々の不登校児童生徒の状
　況に応じた必要な支援が行われるようにすること。

三　不登校児童生徒が安心して教育を十分に受けられるよう、学校における環境の整備
　が図られるようにすること。

四　義務教育の段階における普通教育に相当する教育を十分に受けていない者の意思を
　十分に尊重しつつ、その年齢又は国籍その他の置かれている事情にかかわりなく、そ
　の能力に応じた教育を受ける機会が確保されるようにするとともに、その者が、その
　教育を通じて、社会において自立的に生きる基礎を培い、豊かな人生を送ることがで
　きるよう、その教育水準の維持向上が図られるようにすること。

五　国、地方公共団体、教育機会の確保等に関する活動を行う民間の団体その他の関係

者の相互の密接な連携の下に行われるようにすること。

第四条（国の責務）　国は、前条の基本理念にのっとり、教育機会の確保等に関する施策を総合的に策定し、及び実施する責務を有する。

第五条（地方公共団体の責務）　地方公共団体は、第三条の基本理念にのっとり、教育機会の確保等に関する施策について、国と協力しつつ、当該地域の状況に応じた施策を策定し、及び実施する責務を有する。

第六条（財政上の措置等）　国及び地方公共団体は、教育機会の確保等に関する施策を実施するため必要な財政上の措置その他の措置を講ずるよう努めるものとする。

第二章　基本指針

第七条　文部科学大臣は、教育機会の確保等に関する施策を総合的に推進するための基本的な指針（以下この条において「基本指針」という。）を定めるものとする。

2　基本指針においては、次に掲げる事項を定めるものとする。

一　教育機会の確保等に関する基本的事項

二　不登校児童生徒等に対する教育機会の確保等に関する事項

三　夜間その他特別な時間において授業を行う学校における就学の機会の提供等に関する事項

四　その他教育機会の確保等に関する施策を総合的に推進するために必要な事項

3　文部科学大臣は、基本指針を作成し、又はこれを変更しようとするときは、内閣総理大臣に協議するとともに、地方公共団体及び教育機会の確保等に関する活動を行う民間の団体その他の関係者の意見を反映させるために必要な措置を講ずるものとする。

4　文部科学大臣は、基本指針を定め、又はこれを変更したときは、遅滞なく、これを公表しなければならない。

第三章　不登校児童生徒等に対する教育機会の確保等

第八条（学校における取組への支援）　国及び地方公共団体は、全ての児童生徒が豊かな学校生活を送り、安心して教育を受けられるよう、児童生徒と学校の教職員との信頼関係及び児童生徒相互の良好な関係の構築を図るための取組、児童生徒の置かれている環境その他の事情及びその意思を把握するための取組、学校生活上の困難を有する個々の児童生徒の状況に応じた支援その他の学校における取組を支援するために必要な措置を講ずるよう努めるものとする。

第九条（支援の状況等に係る情報の共有の促進等）　国及び地方公共団体は、不登校児童生徒に対する適切な支援が組織的かつ継続的に行われることとなるよう、不登校児童生徒の状況及び不登校児童生徒に対する支援の状況に係る情報を学校の教職員、心理、福祉等に関する専門的知識を有する者その他の関係者間で共有することを促進するために必要な措置その他の措置を講ずるものとする。

第十条（特別の教育課程に基づく教育を行う学校の整備等）　国及び地方公共団体は、不

登校児童生徒に対しその実態に配慮して特別に編成された教育課程に基づく教育を行う学校の整備及び当該教育を行う学校における教育の充実のために必要な措置を講ずるよう努めるものとする。

第十一条（学習支援を行う教育施設の整備等）　国及び地方公共団体は、不登校児童生徒の学習活動に対する支援を行う公立の教育施設の整備及び当該支援を行う公立の教育施設における教育の充実のために必要な措置を講ずるよう努めるものとする。

第十二条（学校以外の場における学習活動の状況等の継続的な把握）　国及び地方公共団体は、不登校児童生徒が学校以外の場において行う学習活動の状況、不登校児童生徒の心身の状況その他の不登校児童生徒の状況を継続的に把握するために必要な措置を講ずるものとする。

第十三条（学校以外の場における学習活動等を行う不登校児童生徒に対する支援）　国及び地方公共団体は、不登校児童生徒が学校以外の場において行う多様で適切な学習活動の重要性に鑑み、個々の不登校児童生徒の休養の必要性を踏まえ、当該不登校児童生徒の状況に応じた学習活動が行われることとなるよう、当該不登校児童生徒及びその保護者（学校教育法第十六条に規定する保護者をいう。）に対する必要な情報の提供、助言その他の支援を行うために必要な措置を講ずるものとする。

第四章　夜間その他特別な時間において授業を行う学校における就学の機会の提供等

第十四条（就学の機会の提供等）　地方公共団体は、学齢期を経過した者（その者の満六歳に達した日の翌日以後における最初の学年の初めから満十五歳に達した日の属する学年の終わりまでの期間を経過した者をいう。次条第二項第三号において同じ。）であって学校における就学の機会が提供されなかったもののうちにその機会の提供を希望する者が多く存在することを踏まえ、夜間その他特別な時間において授業を行う学校における就学の機会の提供その他の必要な措置を講ずるものとする。

第十五条（協議会）　都道府県及び当該都道府県の区域内の市町村は、前条に規定する就学の機会の提供その他の必要な措置に係る事務についての当該都道府県及び当該市町村の役割分担に関する事項の協議並びに当該事務の実施に係る連絡調整を行うための協議会（以下この条において「協議会」という。）を組織することができる。

2　協議会は、次に掲げる者をもって構成する。

一　都道府県の知事及び教育委員会

二　当該都道府県の区域内の市町村の長及び教育委員会

三　学齢期を経過した者であって学校における就学の機会が提供されなかったもののうちその機会の提供を希望する者に対する支援活動を行う民間の団体その他の当該都道府県及び当該市町村が必要と認める者

3　協議会において協議が調った事項については、協議会の構成員は、その協議の結果を尊重しなければならない。

4　前三項に定めるもののほか、協議会の運営に関し必要な事項は、協議会が定める。

第五章　教育機会の確保等に関するその他の施策

第十六条（調査研究等）　国は、義務教育の段階における普通教育に相当する教育を十分に受けていない者の実態の把握に努めるとともに、その者の学習活動に対する支援の方法に関する調査研究並びにこれに関する情報の収集、整理、分析及び提供を行うものとする。

第十七条（国民の理解の増進）　国及び地方公共団体は、広報活動等を通じて、教育機会の確保等に関する国民の理解を深めるよう必要な措置を講ずるよう努めるものとする。

第十八条（人材の確保等）　国及び地方公共団体は、教育機会の確保等が専門的知識に基づき適切に行われるよう、学校の教職員その他の教育機会の確保等に携わる者の養成及び研修の充実を通じたこれらの者の資質の向上、教育機会の確保等に係る体制等の充実のための学校の教職員の配置、心理、福祉等に関する専門的知識を有する者であって教育相談に応じるものの確保その他の必要な措置を講ずるよう努めるものとする。

第十九条（教材の提供その他の学習の支援）　国及び地方公共団体は、義務教育の段階における普通教育に相当する教育を十分に受けていない者のうち中学校を卒業した者と同等以上の学力を修得することを希望する者に対して、教材の提供（通信の方法によるものを含む。）その他の学習の支援のために必要な措置を講ずるよう努めるものとする。

第二十条（相談体制の整備）　国及び地方公共団体は、義務教育の段階における普通教育に相当する教育を十分に受けていない者及びこれらの者以外の者であって学校生活上の困難を有する児童生徒であるもの並びにこれらの者の家族からの教育及び福祉に関する相談をはじめとする各種の相談に総合的に応ずることができるようにするため、関係省庁相互その他関係機関、学校及び民間の団体の間の連携の強化その他必要な体制の整備に努めるものとする。

附　則　抄

第一条（施行期日）　この法律は、令和五年四月一日から施行する。ただし、次の各号に掲げる規定は、この法律の公布の日又は当該各号に定める法律の公布の日のいずれか遅い日から施行する。

一　略

二　附則第十一条の規定　こども家庭庁設置法の施行に伴う関係法律の整備に関する法律（令和四年法律第七十六号）

こども基本法（抄）

2022年（令和4年）6月22日公布
2023年（令和5年）4月1日施行

第一章　総則

第一条（目的）　この法律は、日本国憲法及び児童の権利に関する条約の精神にのっとり、次代の社会を担う全てのこどもが、生涯にわたる人格形成の基礎を築き、自立した個人としてひとしく健やかに成長することができ、心身の状況、置かれている環境等にかかわらず、その権利の擁護が図られ、将来にわたって幸福な生活を送ることができる社会の実現を目指して、社会全体としてこども施策に取り組むことができるよう、こども施策に関し、基本理念を定め、国の責務等を明らかにし、及びこども施策の基本となる事項を定めるとともに、こども政策推進会議を設置すること等により、こども施策を総合的に推進することを目的とする。

第二条（定義）　この法律において「こども」とは、心身の発達の過程にある者をいう。

2　この法律において「こども施策」とは、次に掲げる施策その他のこどもに関する施策及びこれと一体的に講ずべき施策をいう。

　一　新生児期、乳幼児期、学童期及び思春期の各段階を経て、おとなになるまでの心身の発達の過程を通じて切れ目なく行われるこどもの健やかな成長に対する支援

　二　子育てに伴う喜びを実感できる社会の実現に資するため、就労、結婚、妊娠、出産、育児等の各段階に応じて行われる支援

　三　家庭における養育環境その他のこどもの養育環境の整備

第三条（基本理念）　こども施策は、次に掲げる事項を基本理念として行われなければならない。

　一　全てのこどもについて、個人として尊重され、その基本的人権が保障されるとともに、差別的取扱いを受けることがないようにすること。

　二　全てのこどもについて、適切に養育されること、その生活を保障されること、愛され保護されること、その健やかな成長及び発達並びにその自立が図られることその他の福祉に係る権利が等しく保障されるとともに、教育基本法（平成十八年法律第百二十号）の精神にのっとり教育を受ける機会が等しく与えられること。

　三　全てのこどもについて、その年齢及び発達の程度に応じて、自己に直接関係する全ての事項に関して意見を表明する機会及び多様な社会的活動に参画する機会が確保されること。

　四　全てのこどもについて、その年齢及び発達の程度に応じて、その意見が尊重され、その最善の利益が優先して考慮されること。

　五　こどもの養育については、家庭を基本として行われ、父母その他の保護者が第一義的責任を有するとの認識の下、これらの者に対してこどもの養育に関し十分な支援を行うとともに、家庭での養育が困難なこどもにはできる限り家庭と同様の養育環境を確保することにより、こどもが心身ともに健やかに育成されるようにすること。

六　家庭や子育てに夢を持ち、子育てに伴う喜びを実感できる社会環境を整備すること。

第四条（国の責務）　国は、前条の基本理念（以下単に「基本理念」という。）にのっとり、こども施策を総合的に策定し、及び実施する責務を有する。

第五条（地方公共団体の責務）　地方公共団体は、基本理念にのっとり、こども施策に関し、国及び他の地方公共団体との連携を図りつつ、その区域内におけるこどもの状況に応じた施策を策定し、及び実施する責務を有する。

第六条（事業主の努力）　事業主は、基本理念にのっとり、その雇用する労働者の職業生活及び家庭生活の充実が図られるよう、必要な雇用環境の整備に努めるものとする。

第七条（国民の努力）　国民は、基本理念にのっとり、こども施策について関心と理解を深めるとともに、国又は地方公共団体が実施するこども施策に協力するよう努めるものとする。

第八条（年次報告）　政府は、毎年、国会に、我が国におけるこどもをめぐる状況及び政府が講じたこども施策の実施の状況に関する報告を提出するとともに、これを公表しなければならない。

2　前項の報告は、次に掲げる事項を含むものでなければならない。

一　少子化社会対策基本法（平成十五年法律第百三十三号）第九条第一項に規定する少子化の状況及び少子化に処するために講じた施策の概況

二　子ども・若者育成支援推進法（平成二十一年法律第七十一号）第六条第一項に規定する我が国における子ども・若者の状況及び政府が講じた子ども・若者育成支援施策の実施の状況

三　子どもの貧困対策の推進に関する法律（平成二十五年法律第六十四号）第七条第一項に規定する子どもの貧困の状況及び子どもの貧困対策の実施の状況

第二章　基本的施策

第九条（こども施策に関する大綱）　政府は、こども施策を総合的に推進するため、こども施策に関する大綱（以下「こども大綱」という。）を定めなければならない。

2　こども大綱は、次に掲げる事項について定めるものとする。

一　こども施策に関する基本的な方針

二　こども施策に関する重要事項

三　前二号に掲げるもののほか、こども施策を推進するために必要な事項

3　こども大綱は、次に掲げる事項を含むものでなければならない。

一　少子化社会対策基本法第七条第一項に規定する総合的かつ長期的な少子化に対処するための施策

二　子ども・若者育成支援推進法第八条第二項各号に掲げる事項

三　子どもの貧困対策の推進に関する法律第八条第二項各号に掲げる事項

4　こども大綱に定めるこども施策については、原則として、当該こども施策の具体的な

目標及びその達成の期間を定めるものとする。

5　内閣総理大臣は、こども大綱の案につき閣議の決定を求めなければならない。

6　内閣総理大臣は、前項の規定による閣議の決定があったときは、遅滞なく、こども大綱を公表しなければならない。

7　前二項の規定は、こども大綱の変更について準用する。

第十条（都道府県こども計画等）　都道府県は、こども大綱を勘案して、当該都道府県におけるこども施策についての計画（以下この条において「都道府県こども計画」という。）を定めるよう努めるものとする。

2　市町村は、こども大綱（都道府県こども計画が定められているときは、こども大綱及び都道府県こども計画）を勘案して、当該市町村におけるこども施策についての計画（以下この条において「市町村こども計画」という。）を定めるよう努めるものとする。

3　都道府県又は市町村は、都道府県こども計画又は市町村こども計画を定め、又は変更したときは、遅滞なく、これを公表しなければならない。

4　都道府県こども計画は、子ども・若者育成支援推進法第九条第一項に規定する都道府県子ども・若者計画、子どもの貧困対策の推進に関する法律第九条第一項に規定する都道府県計画その他法令の規定により都道府県が作成する計画であってこども施策に関する事項を定めるものと一体のものとして作成することができる。

5　市町村こども計画は、子ども・若者育成支援推進法第九条第二項に規定する市町村子ども・若者計画、子どもの貧困対策の推進に関する法律第九条第二項に規定する市町村計画その他法令の規定により市町村が作成する計画であってこども施策に関する事項を定めるものと一体のものとして作成することができる。

第十一条（こども施策に対するこども等の意見の反映）　国及び地方公共団体は、こども施策を策定し、実施し、及び評価するに当たっては、当該こども施策の対象となるこども又はこどもを養育する者その他の関係者の意見を反映させるために必要な措置を講ずるものとする。

第十二条（こども施策に係る支援の総合的かつ一体的な提供のための体制の整備等）　国は、こども施策に係る支援が、支援を必要とする事由、支援を行う関係機関、支援の対象となる者の年齢又は居住する地域等にかかわらず、切れ目なく行われるようにするため、当該支援を総合的かつ一体的に行う体制の整備その他の必要な措置を講ずるものとする。

第十三条（関係者相互の有機的な連携の確保等）　国は、こども施策が適正かつ円滑に行われるよう、医療、保健、福祉、教育、療育等に関する業務を行う関係機関相互の有機的な連携の確保に努めなければならない。

2　都道府県及び市町村は、こども施策が適正かつ円滑に行われるよう、前項に規定する業務を行う関係機関及び地域においてこどもに関する支援を行う民間団体相互の有機的な連携の確保に努めなければならない。

3　都道府県又は市町村は、前項の有機的な連携の確保に資するため、こども施策に係る

事務の実施に係る協議及び連絡調整を行うための協議会を組織することができる。

4　前項の協議会は、第二項の関係機関及び民間団体その他の都道府県又は市町村が必要と認める者をもって構成する。

第十四条　国は、前条第一項の有機的な連携の確保に資するため、個人情報の適正な取扱いを確保しつつ、同項の関係機関が行うこどもに関する支援に資する情報の共有を促進するための情報通信技術の活用その他の必要な措置を講ずるものとする。

2　都道府県及び市町村は、前条第二項の有機的な連携の確保に資するため、個人情報の適正な取扱いを確保しつつ、同項の関係機関及び民間団体が行うこどもに関する支援に資する情報の共有を促進するための情報通信技術の活用その他の必要な措置を講ずるよう努めるものとする。

第十五条（この法律及び児童の権利に関する条約の趣旨及び内容についての周知）　国は、この法律及び児童の権利に関する条約の趣旨及び内容について、広報活動等を通じて国民に周知を図り、その理解を得るよう努めるものとする。

第十六条（こども施策の充実及び財政上の措置等）　政府は、こども大綱の定めるところにより、こども施策の幅広い展開その他のこども施策の一層の充実を図るとともに、その実施に必要な財政上の措置その他の措置を講ずるよう努めなければならない。

学習権宣言

1985年（昭和60年）3月29日第4回ユネスコ国際成人教育会議採択

　学習権を承認するか否かは、人類にとって、これまでにもまして重要な課題となっている。

　学習権とは、

　　読み書きの権利であり、

　　問い続け、深く考える権利であり、

　　想像し、創造する権利であり、

　　自分自身の世界を読みとり、歴史をつづる権利であり、

　　あらゆる教育の手だてを得る権利であり、

　　個人的・集団的力量を発達させる権利である。

　　成人教育パリ会議は、この権利の重要性を再確認する。

　学習権は未来のためにとっておかれる文化的ぜいたく品ではない。

　それは、生き残るという問題が解決されてから生じる権利ではない。

　それは、基礎的な欲求が満たされたあとに行使されるようなものではない。

学習権は、人間の生存にとって不可欠な手段である。

　もし、世界の人々が、食糧の生産やその他の基本的な人間の欲求が満たされることを望むならば、世界の人々は学習権をもたなければならない。

　もし、女性も男性も、より健康な生活を営もうとするなら、彼らは学習権をもたなければならない。

　もし、わたしたちが戦争を避けようとするなら、平和に生きることを学び、お互いに理解し合うことを学ばねばならない。

　"学習"こそはキーワードである。

　学習権なくしては、人間的発達はあり得ない。

　学習権なしくては、農業や工業の躍進も地域の健康の増進もなく、そして、さらに学習条件の改善もないであろう。

　この権利なしには、都市や農村で働く人たちの生活水準の向上もないであろう。

　端的にいえば、このように学習権を理解することは、今日の人類にとって決定的に重要な諸問題を解決するために、わたしたちがなしうる最善の貢献の一つなのである。

　しかし、学習権はたんなる経済発展の手段ではない。それは基本的権利の一つとしてとらえられなければならない。学習活動はあらゆる教育活動の中心に位置づけられ、人々を、なりゆきまかせの客体から、自らの歴史をつくる主体にかえていくものである。

　それは基本的人権の一つであり、その正当性は普遍的である。学習権は、人類の一部のものに限定されてはならない。すなわち、男性や工業国や有産階級や、学校教育を受けられる幸運な若者たちだけの、排他的特権であってはならない。本パリ会議は、すべての国に対し、この権利を具体化し、すべての人々が効果的にそれを行使するのに必要な条件をつくるように要望する。そのためには、あらゆる人的・物的資源がととのえられ、教育制度がより公正な方向で再検討され、さらにさまざまな地域で成果をあげている手段や方法が参考となろう。

　わたしたちは、政府・非政府双方のあらゆる組織が、国連、ユネスコ、その他の専門機関と協力して、世界的にこの権利を実現する活動をすすめることを切望する。

　エルシノア、モントリオール、東京、パリと続いたユネスコ会議で、成人教育の大きな前進が記されたにもかかわらず、一方には問題の規模の大きさと複雑さがあり、他方には適切な解決法を見出す個人やグループの力量の問題があり、そのギャップはせばめられてはいない。

　一九八五年三月、ユネスコ本部で開かれた第四回国際成人教育会議は、現代の問題のスケールの大きさにもかかわらず、いやそれだからこそ、これまでの会議でおこなわれたアピールをくり返しのべて、あらゆる国につぎのことを要請する。すべての国は、成人教育の活動においても、サービスにおいてもたしかな発展をとげるために、大胆で想像力に満ちた努力をおこなうべきである。そのことによって、女性も男性も、個人としても集団としても、その目的や条件や実施上の手順を自分たちできめることができるようなタイプの成人教育を発展させるのに必要な、教育的・文化的・科学的・技術的蓄積を、わがものと

なしうるのである。

　この会議は、女性と婦人団体が貢献してきた人間関係における新しい方向づけとそのエネルギーに注目し、賛意を表明する。その独自の経験と方法は、平和や男女間の平等のような人類の未来にかかわる基本的問題を解決するための中心的位置を占めるものである。したがって、より人間的な社会をもたらす計画のなかでの成人教育の発展に女性が参加することは、ぜひとも必要なことである。

　人類の将来がどうなるか、それは誰がきめるのか。これはすべての政府・非政府組織、個人、グループが直面している問題である。これはまた、成人の教育活動に従事している女性と男性が、そしてすべての人間が個人として、集団として、さらに人類全体として、自らの運命を自ら統御することができるようにと努力している女性と男性が、直面している問題でもある。

（国民教育研究所　訳）

小林　繁 こばやし しげる　第1部担当

明治大学文学部教授。

主な著書として、『学びのトポス—社会教育計画論—』（クレイン、2000年）、『現代社会教育—生涯学習と社会教育職員—』（クレイン、2008年）、『障害をもつ人の学習権保障とノーマライゼーションの課題』（れんが書房新社、2010年）、『地域福祉と生涯学習—学習が福祉をつくる—』（編著、現代書館、2012年）、『障害をもつ人の生涯学習支援—インクルーシヴな学びを求めて—』（共編著、旬報社、2021年）など。

片岡　了 かたおか りょう　第2部担当

明治大学兼任講師。

主な研究業績として、『21世紀の生涯学習関係職員の展望』（分担執筆、多賀出版、2002年）、『公民館・コミュニティ施設ハンドブック』（分担執筆、エイデル研究所、2006年）、『現代の貧困と社会教育』（分担執筆、国土社、2009年）、『自治の力を育む社会教育計画』（編著、国土社、2014年）など。

平川景子 ひらかわ けいこ　第3部担当

明治大学文学部教授。

主な研究業績として、日本社会教育学会編『講座　現代社会教育の理論Ⅲ　成人の学習と生涯学習の組織化』（分担執筆、東洋館出版社、2004年）、同編『学びあうコミュニティを培う—社会教育が提案する新しい専門職像—』（分担執筆、同前、2009年）、岡山禮子ほか『近代日本の専門職とジェンダー—医師・弁護士・看護職への女性の参入—』（分担執筆、風間書房、2019年）など。

生涯学習概論 第3版　学びあうコミュニティを支える

2014年5月15日 初版第1刷発行	著者	小林　繁 平川景子 片岡　了	
2023年6月28日 第3版第1刷発行	発行者	大塚孝喜	
	発行所	株式会社エイデル研究所	
		〒102-0073　東京都千代田区九段北4-1-9 TEL 03-3234-4641　FAX 03-3234-4644	
	装幀	飛鳥井羊右/デザインコンビビア	
	本文デザイン	田島未久歩/デザインコンビビア	
	印刷・製本	中央精版印刷株式会社	

©2023, S.Kobayashi, K.Hirakawa, R.Kataoka
ISBN 978-4-87168-697-6 Printed in Japan

落丁・乱丁本はお取り替えいたします。